MIOSOTYS SANTIAGO

A Memoir

DIAMANTE
DE DIOS

Edited by Kirsey Lorena Carrion De Baez

Published by Miosotys Santiago

Production Mgr. Nzima Hutchings

ISBN: 9798843074630

Groton, CT.

Exemplifytoedify1@gmail.com

Exemplify to Edify, LLC | Exemplify2edify.org

DEDICACIÓN

Este libro está dedicado a mi Mamá y a mi Papá, y sólo quiero que sepan que les amo. Estoy agradecida de que DIOS los eligiera a ambos para ser mis padres terrenales y para traerme a este mundo. Nuestra vida, y el viaje que he recorrido, me han convertido en la Mujer que soy hoy. Quiero que sepan que ambos han creado seres humanos hermosos y asombrosos, y deben estar orgullosos. Oro que al leer este libro ustedes también logren cerrar con el pasado, y que permitan que DIOS elimine el dolor del quebrantamiento que ambos todavía cargan debido a las decisiones que han tomado. Recuerden que DIOS dice que vivamos con Perdón en el corazón, y el primer paso hacia el perdón es perdonarse a sí mismo.

Les amo.

Mayra Luisa Fernandez

Miguel Antonio Fernandez

Honra a Tu Padre y a Tu Madre,

para que tus dias se prolonguen en
la tierra que el senor tu Dipos te da

Exodus 20:12

A MIS HIJAS:

Me gustaría dedicar este libro a mis tres hermosas e increíbles hijas. Ellas tienen corazones tan genuinos y hermosos. Quiero agradecerles no sólo por ser mis hijas, sino porque cada una se ha convertido en mi mejor amiga, cada una provista con su propia Sabiduría individual, y con consuelo. Gracias por ser pacientes conmigo en el camino ya que tomé algunas malas decisiones, pero nunca me lo reprocharon, soportando las tormentas de nuestras vidas sin quejas. Les dedico este libro para recordarles que no importa lo que suceda en sus vidas, nunca se den por vencidas con ustedes mismas ni con sus sueños. Mi oración es que mi pasión por ser una luz en este mundo para Jesús les inspire a derramar algo de su propia luz en este mundo también. Nuestro Dios dice que vivamos sin miedo en "ÉL". Sean transparentes, sean las mujeres que Dios ha moldeado para que sean, en el camino hacia su propio propósito individual. Disfruten el viaje, den todo lo que tienen y nunca se vean como un fracaso. Cada revés siempre se reemplaza con una mejor remontada. Mami las ama. ¡Cada

sacrificio y todo lo que he hecho fue por
ustedes ♥ !

Celebrando mi cumpleaños 48 con mis hijas

Cassandra, Crystal, Brittany

RECONOCIMIENTOS

Quisiera agradecer al hombre con el que he estado casada durante los últimos diez años: Mi esposo, el Sr. Ruben Johnson-Santiago. Gracias por entrar a mi vida y por ayudarme a construir y a fortalecer la sólida columna vertebral que he necesitado durante tanto tiempo. Hemos experimentado mucho dolor, pérdida, decepción y tantas cosas más en nuestra relación, pero siempre nos recordamos uno al otro que debemos poner a DIOS primero en todo lo que hacemos, y lo estamos haciendo. Gracias por ayudarme con papi durante estos años tan sensibles y difíciles de su vida, y por ayudarme a brindarle la mejor calidad de vida que puedo darle. No lo podría haber hecho sin ti.

Gracias por ser siempre el apoyo que necesité, sin juzgar por todo lo que he hecho o he pasado. Gracias por ser siempre pacientes conmigo, apoyando mis nuevas ideas y "Aventuras", porque todos sabemos que Mío, "la Sra. Espíritu Libre", ama algunas aventuras. Así es como fui formada. Jesús no me habría hecho de otra manera, y supongo que a mí me funciona. ¡Este libro también es para ustedes! Pasamos por algunas tormentas en la vida. Estuvimos dispersos, vivimos en hogares separados y en diferentes estados cuando éramos adolescentes; pero todos nos convertimos en personas Hermosas, Increíbles y Cariñosas, llenas de nada más que nuestro amor los unos por los otros, y por los demás. Su hermana mayor está aquí para decirles que nada es imposible con "Jesús" de su lado. Los amo a todos.

Me gustaría agradecer a mis hermanos. Doy gracias a Dios por ustedes y gracias por cada lección que cada uno me enseñó en el camino; todos ustedes eran como mis primeros hijos, "yo siendo la mayor". Gracias por cada lucha que atravesamos mano a mano, y por nunca soltarnos. Cada llamada telefónica, cada mensaje de aliento, cada risa, cada lágrima, cada "¡Te amo!".

Si no hubiera sido por tu Amor, Apoyo, Confecciones y palabras de Aliento durante mis momentos más oscuros no hubiera llegado a ser la Mujer que soy hoy, y por ti tre Siempre estaré agradecido, te amo 'Brotha, y Hermana's

Miguel, Damarys, Yudelka

Mi Primera Familia

INTRODUCCIÓN

Cuando pienso en Dios creando la Tierra, Él creó sus montañas formadas por diferentes rocas, diferentes tamaños, diferentes formas, diferentes colores, y estas rocas las veo como personas individuales. A lo largo de la vida, a medida que atravesamos nuestras pruebas y tribulaciones, Dios nos levanta individualmente, uno a la vez, y simplemente comienza a cortarnos. A medida que aprendemos, crecemos y aceptamos nuestra singularidad, comenzamos a ser completados y la luz dentro de nosotros comienza a brillar más. Con cada *chip* que Dios nos da se nos guía y se nos muestra el camino. Estamos presentando nuestra **Luz Interior** al mundo que vemos; cada uno de nosotros es un diamante en bruto mientras crecemos, y nuestra relación se fortalece, nuestra luz brilla más para iluminar la oscuridad en el mundo en el que vivimos.

A medida que nos hacemos completos en ÉL esparcimos esa luz que hay dentro de nosotros a aquellos que todavía están en su quebrantamiento, así podemos servir a los demás y guiarlos de la manera correcta.

Todo se relaciona con el **Propósito**. Su propósito personal. Porque su dolor se convierte en Su propósito. Usted es un diamante en bruto que se transforma en su propio diamante individual.

Estoy emocionada de traerles a este viaje de mi transformación en el Diamante de Dios. Un viaje de una niña que no entendía el poder que había dentro de ella. La historia de una niña a la que le quitaron la inocencia a una edad temprana, pero a la que Dios nunca le quitó las manos de encima. Continuó cubriéndose con su Gracia y Misericordia. Ésta tenía su propia asignación especial que debía completar. Perseveré con cada golpe que vino a mi camino, que más tarde se manifestó, cuando las manos de Dios cortaron mi corazón roto, mientras liberaba mi **Luz Interior** y me completaba.

CAPÍTULO UNO

Usted Es Escogido(a)

Sólo quiero agradecerle, Mujer de Dios, por tomarse el tiempo para leer mi historia y conocerme a mí". Quiero que se recueste y se prepare para ser ministrada, no sólo por mi dolor, sino por mi perseverancia, mi fuerza y mi fe en Aquel que me ha fortalecido. Quiero que eche un vistazo a mi vida desde el principio.

Me di cuenta a lo largo de mi vida que DIOS bendecirá a aquellos que han experimentado cosas extraordinarias y que aún permanezcan fieles y en plena alabanza. Seguimos con nuestra vida pensando que somos personas comunes, pero dejamos de lado todas las cosas que DIOS ha puesto en nuestra vida, y pasamos por alto su valor. Me di cuenta de que me fue dada mi vida ordinaria, pero que es extraordinaria a los ojos de otra persona. Me doy cuenta ahora, al escuchar cómo fui creada y traída a la existencia, de que tenía que luchar para abrirse camino en la vida, desde el principio. Desde el momento en que "Él" decidió que me sacaría de esos millones de otros espermatozoides que corrían a mi lado para llegar al útero de mi madre; que sería edificada con la perseverancia.

Quiero compartir la historia de una niña nacida el 4 de noviembre de 1972 a una pareja dominicana que se conoció en Jamaica, Nueva York, en 1970. Se enamoraron, se casaron, y poco después se dieron cuenta de que no podían concebir hijos. Después de varios intentos decidieron buscar ayuda de especialistas, y finalmente fui concebida como producto de la inseminación fetal. Desde el principio tuve que luchar para llegar a la existencia, pero DIOS me eligió y me dio fuerzas, incluso siendo un pequeño espermatozoide, Él dijo: "Esta pequeña niña tendrá una historia qué contar y un propósito más allá de su comprensión".

Después de nueve meses sosteniéndome, llegó el día en que DIOS dijo que hoy nacería. Mi madre entró en labor de parto y se dirigieron al Hospital de Nueva York. El parto fue largo y duro, pero estaba a punto de ser la bendición por la cual mis padres esperaron y lucharon en su matrimonio.

Mientras mi madre pujaba, yo acababa de coronar; mi cabeza era demasiado grande, pero ella pujó y pujó. En una fracción de segundo, cuando le dijeron a mi madre que siguiera pujando, el médico se volvió para agarrar un fórceps, y yo me resbalé y caí al suelo. ¡Sí, al suelo! Siempre digo que desde el momento en que nací el diablo ha estado tratando de matarme, pero DIOS tenía otros planes para mi vida.

Pasé el primer año de mi vida en el hospital, habiendo desarrollado meningitis del cerebro. Los médicos pensaron que necesitaría cuidados especiales y que mi vida estaría envuelta en problemas de salud, pero eso también se bloqueó, excepto porque desarrollé un asma grave durante mi infancia. Realmente nunca recuerdo haber hecho la pregunta "¿Por qué a mí?". Siempre pensé que era una parte normal de la vida experimentar problemas, obstáculos, dolor y reveses importantes. Todo lo que sabía era vivirlos, superarlos y que la vida sigue adelante. Ahora que soy mayor y miro hacia atrás en mi vida, me doy cuenta de que el "Por qué a mí" se convertirá en parte de mi Declaración de Misión.

El "¿Por qué a mí?" ahora se ha convertido en "Fue a mí, porque estaba destinada a pasar por todo lo que experimenté para ayudar a alguien más "ahora". Yo iba a convertirme en un recipiente para la Gloria de DIOS, para brindar esperanza a alguien más. Él utiliza las piedras, las paredes y el dolor para moverse a su favor. Mirará a los menos afortunados, a los que han sido burlados, intimidados, y a quienes no se les ha dado una oportunidad en la vida, para hacer una gran diferencia en lugar de ello.

Puedo decirle que siempre me sentí diferente al crecer, como si nunca hubiera pertenecido realmente a ningún lado. Nunca me sentí conectada a nada mundano, ni a nada. Las cosas nunca me divirtieron realmente. Siempre traté de nutrir mi espíritu. Con cada golpe u obstáculo que se me presentaba, de alguna manera me las arreglaba para proteger mi corazón de ser roto una y otra vez. Recuerdo que tomé toda la crianza que se me dio y la coloqué entre mis hermanos, mi padre y mi madre. Traté de atender a cada uno emocionalmente porque, de alguna manera, en el fondo yo sabía lo que necesitaban en ese momento.

Desde la edad tan temprana de tal vez seis años, puedo recordar las peleas. Mi padre pasaba sus días arreglando cosas en la casa; él mismo se hizo carpintero y cualquier cosa que necesitara ser reparada, la tomaba y la reparaba. Crecí en la ciudad de Nueva York, en Queens South Ozone Park, cerca de la Boulevard Rockaway y la calle 126. Esta es la casa que recuerdo. Teníamos a nuestro perro llamado Texas, un patio trasero y un patio lateral que usábamos para jugar con nuestros amigos.

Todavía puedo cerrar los ojos y recordar el sofá rojo, la gran mesa central, y las mesas laterales en forma de cubos en las que solía sentarme, para mirar por la ventana delantera. Recuerdo que entraba por la puerta principal, las escaleras estaban a la derecha y la cocina estaba al frente. ¿Qué no haría para volver a entrar en esa casa, o simplemente retroceder en el tiempo por un momento, y mirar esos gabinetes de la cocina, o esa puerta trasera que nos conducía al patio trasero y al sótano? Puedo recordar esos días en los que mi padre no trabajaba, simplemente pasando el día bebiendo, escuchando viejas melodías en español, o a Neil Diamond, Lou Rawls y todas las otras melodías que se tocaban en ese entonces, a finales de los 70 y principios de los 80.

Puedo sentarme aquí y escribir sobre las muchas circunstancias y situaciones en las que me he encontrado, pero quería compartir sólo ésta, para no sólo ser un ejemplo de cómo se ve la perseverancia, sino también para mostrarle cómo aferrarse a su fe y cómo su relación con DIOS es lo verdaderamente importante para su crecimiento espiritual, así que aquí les va.

AFIRMACIÓN

Considérese una simple rosa, usted sola fue elegida de entre un grupo para hacer la diferencia.

_____

_____

_____

_____

_____

_____

_____

_____

_____

_____

_____

REFLEXIONES

¿Alguna vez se miró al espejo y afirmó quién es? Si es así, ¿quién es usted? ¿Y qué puede hacer para mejorar?

_____

_____

_____

_____

_____

_____

_____

_____

_____

_____

_____

_____

CAPÍTULO DOS

Perseverancia

Cuando tenía 29 años, después de dejar una relación abusiva, me encontré en una relación con un joven que había tenido sus ojos puestos en mí durante casi un año. Él venía y me invitaba a almorzar o a una cita, pero me negaba porque todavía estaba en una relación, una relación abusiva, y temía que el padre de mi hija menor se enterara y reaccionara con rabia. Cuando mi relación terminó, este hombre me invitó a almorzar y nos conectamos instantáneamente. Él solía tomar el tren de regreso a casa desde Manhattan a Queens para hacerme compañía y, pensando en retrospectiva, esos fueron los mejores viajes en tren de todos los tiempos. Vivía solo en Bushwick, Brooklyn, y era padre de una hermosa hija de 7 años, su hija única. Recuerdo que su rostro brillaba cada vez que mencionaba su nombre. Ella era la imagen vívida de él. Recuerdo nuestra primera cita. Decidimos encontrarnos en Coney Island. Yo estaba tan nerviosa; al principio estaba tan indecisa. Simplemente no estaba lista para entregar mi corazón a otro hombre, especialmente tan pronto, pero estaba sola, y él me hizo sentir tan hermosa con sus palabras de aliento. Sólo necesitaba eso en mi vida en ese momento.

Llegó la noche y me estaba preparando, entonces me detuve y pensé en que antes de entablar otra relación necesitaba asegurarme de que este hombre hablaba en serio sobre todo lo que me había dicho hasta ahora, y lo verdaderamente importante que yo era para él; así que entré a las habitaciones de mis hijas y les dije que se prepararan, que íbamos a Coney Island. Mis hijas y yo nos subimos al tren desde Jamaica, Queens, y nos dirigimos a lo que pensé que sería la confirmación de si este hombre realmente quería tener una relación con una mujer como yo, todavía rota, todavía emocionalmente un desastre y con problemas de confianza. Llegamos primero a Coney Island y, cuando bajamos del tren, miré hacia el andén. Aún no había llegado, lo cual era bueno. Les dije a mis hijas que se sentaran en un banco, a unos metros de donde yo estaba parada. Poco después un tren se acercó a la estación, las puertas se abrieron, la gente salió, y ahí estaba él. Me saludó con una sonrisa, me miró de arriba abajo. Me di cuenta de que estaba muy satisfecho con la mujer que lo esperaba. Me dio un abrazo de bienvenida, un beso en la mejilla y luego me preguntó si estaba lista. Mi respuesta fue: "Sí, lo estoy" y luego me volví hacia mis hijas y les grité:

"¡CHICAS, VAMOS!"

La expresión de su rostro fue una sorpresa. Nunca le había dicho que lo probaría, que mis hijas estaban incluidas en nuestra primera cita, y que si él me quería en su vida, entonces también necesitaba querer a mis hijas en su vida.

El resto de la noche fue dulce. Las acogió al instante y ellas se conectaron muy bien con él. Tenía un corazón tan humilde y un espíritu dulce y agradable. Mi hija menor se encariño con él instantáneamente y él la cargó la mayor parte de la noche, porque era demasiado pequeña para andar. La noche no pudo ser mejor. Después de algunas citas y de visitarnos uno al otro en las casas de cada uno, decidimos entregar su apartamento, y Andrew decidió mudarse conmigo a Queens. Fue una transición tan hermosa. Mis hijas simplemente lo amaban, y más aún cuando su hija venía los fines de semana; era como si todas las niñas fueran hijas de ambos. Se parecían, se querían mucho desde el primer momento en que las presentamos, y las chicas se volvieron inseparables.

Los siguientes años fueron absolutamente hermosos. Nuestra nueva familia era inseparable. Cada fin de semana encontrábamos una nueva aventura y un nuevo lugar para llevar a las niñas, nuestras cuatro hermosas e inocentes niñas. Nos sentábamos y hablábamos sobre cómo sería nuestro futuro, sentados en el porche después de la jubilación, simplemente disfrutando de nuestras hijas adultas y nuestros nietos. A lo largo de nuestra relación, Andrew de vez en cuando decía que siempre tenía la sensación de que no estaría en mi vida por mucho tiempo; él de vez en cuando me decía que me preparara en caso de que le pasara algo, y que si algo pasaba él siempre estaría conmigo.

Puedo decirles que DIOS tiene una forma divertida de resolver las cosas. Siempre protege a sus hijos. Puede que no lo veamos a través de nuestras luchas o nuestro dolor, pero Jesús eventualmente se revelará a ti cuando menos lo esperes.

Un lunes por la tarde un compañero de trabajo de Andrew vino a nuestra casa y le pidió que cambiaran de turno, porque su prometida estaba esperando un bebé y quería asistir a la visita de ultrasonido para poder ver la imagen de su primer hijo. Andrew y yo usualmente viajábamos juntos en tren todas las mañanas mientras trabajábamos en nuestro turno de nueve a cinco; pero esa mañana cambió, él fue temprano a trabajar de 7:00 a.m. a 3:00 p.m. Recuerdo estar acostada en la cama mientras él estaba allí y planchaba su uniforme, ya que su puesto como supervisor de seguridad requería que usara traje y corbata todos los días.

Me levanté de la cama para entrar al baño y él simplemente me agarró, me puso ambas manos en la cara, me miró a los ojos con poder y autoridad y me preguntó:

"¿Sabías que eres lo mejor que me ha pasado?"

Le contesté lo mismo mientras nos despedimos. Besó mi frente. Me preguntó si tenía dinero para el día y le dije que lo encontraría en el trabajo para desayunar, como siempre lo hacíamos en la plaza, en una mesa o en el globo. Mientras se alejaba, escuché cerrarse la puerta. Entré al baño, abrí la ducha y entré. Entonces escuché que la puerta se abrió de nuevo, grité su nombre pero no hubo respuesta. Cuando terminé mi ducha y fui a la sala de estar, noté que quedaban $7.00 en la meseta. Andrew había vuelto y me había dejado dinero para el té de la mañana y para el *bagel* o panecillo, algo que solía comprar cada mañana en el quiosco de *Danish and Tea*. Procedí a prepararme. Les di a todas mis hijas un beso y un abrazo de despedida, como solía hacer, y me dirigí a la parada del autobús. Vivíamos en Jamaica, Queens, en ese momento y cogíamos el autobús a *Parsons Boulevard* para tomar el tren "E" a la calle Chamber.

Mientras estaba en el autobús, recibí una llamada de mi hija mayor para que me bajara, porque mi hija menor no se estaba comportando bien y mi hija del medio había perdido el autobús. Yo estaba enfadada. Le hice saber que llegaría tarde y que no podía permitirme el lujo de llegar tarde, pero la urgencia en la voz de mi hija me convenció de hacer su mañana un poco más fácil. Decidí bajarme del autobús y cruzar la calle. Regresé a casa, me aseguré de que mis tres hijas llegaran a la escuela, procedí a volver al autobús, me abrí camino en el tren y comencé mi viaje al trabajo, con la intención de llamar a Andrew para reunirme con él, como de costumbre, para el desayuno.

Cuando llegué a mi parada del tren salí de la estación en Chambers, crucé la calle y entré en la plaza. Cuando saqué mi teléfono para marcar el número de Andrew, escuché un fuerte rugido. Miré a la derecha y luego sucedió: ¡Un avión chocó contra la Torre Uno! Sí, Andrew y yo trabajamos en el *World Trade Center*. Cuando corrí al *Five World Trade Center* en busca de protección, me encontré con una oficial de policía de la Autoridad Portuaria y ella me detuvo. Me preguntó a dónde iba, mientras corría adentro del edificio. Dijo que teníamos que salir corriendo. Procedimos a correr por la plaza y ella me entregó a alguien en Broadway. Ahí es donde me quedé congelada en el tiempo. Observé sus vestuarios. Todavía puedo escuchar los fuertes golpes cuando los cuerpos golpeaban el suelo. Me quedé allí con incredulidad, mi corazón completamente destrozado mientras miraba hacia la Torre Uno, sabiendo que Andrew estaba allí en alguna parte, y yo estaba indefensa. Lloraba cuando la gente se me acercaba y todo lo que podía decir era:

"Mi prometido está ahí arriba. Él está ahí arriba".

Se sintió como una eternidad; fue un tiempo y un espacio en el que estaré atrapada por el resto de mi vida.

Entonces sucedió. Otro avión vino literalmente de la nada y golpeó la Torre Dos. Todo lo que pude escuchar fue otra explosión, y vi una enorme bola de llamas saliendo del cielo. Pensé que era el fin del mundo. Cuando el caos de los gritos y el llanto comenzó otra vez, la gente empezó a correr de nuevo. Fue un puro caos, pero yo estaba estancada. Me quedé allí de pie mirando hacia este hermoso cielo de septiembre, que en un abrir y cerrar de ojos se convirtió en humo negro, con escombros e imágenes de personas saltando de los edificios, como hormigas saliendo de un hormiguero rociado con productos químicos. Todo el tiempo sentí como que el reloj se había detenido. Hasta el día de hoy, toda esa experiencia sigue estancada en el tiempo para mí. Todo lo que puedo recordar son las imágenes y las emociones que sentí dentro de mí, y todo lo que puedo decir es lo que experimenté.

Mientras estaba en Broadway, recuerdo sentir temblar el suelo debajo de mí. Estaba mirando hacia las Torres y noté que la Torre Dos se estaba moviendo, pero nunca, ni en mis sueños más locos pensé que el edificio se derrumbaría. Pude usar un teléfono público en la esquina, y llamé a mi hermana pequeña que vivía en el Lado Este, en *Spanish Harlem,* para informarle lo que estaba pasando, ya que nuestros teléfonos celulares no funcionaban. Recuerdo gritar y gritar, porque la Torre se estaba cayendo. Un hombre me gritó:

"Señora, tenemos que correr".

Me agarró del brazo y dijo: "Vamos".

Yo estaba frizada con lo que estaba pasando. Estaba atorada. Comenzamos a correr lo más rápido que pudimos y en segundos todo el edificio se derrumbó. La enorme nube de escombros nos atrapó mientras corríamos. Algo me golpeó en la espalda. Caí al suelo, y ahí es donde me acosté hasta que todo quedó en silencio. No estoy segura de cuánto tiempo pasó, pero les puedo decir que se sintió como una eternidad. Todo estaba quieto y silencioso, como si fuera el comienzo de toda la Existencia.

Finalmente decidí levantarme y tratar de abrirme paso. Con una bocanada de aire, inhalé todo ese aire polvoriento y jadeé. Lo único en lo que podía pensar era en quitarme la camisa para cubrirme la cara, y eso fue lo que hice. Mientras intentaba cruzar la calle, no podía ver mucho; era sólo una gran polvareda y niebla, así que palpé mi camino, tocando los vehículos en la calle. Escuché gemidos de personas que intentaban dar sentido a lo que acababa de suceder. Tropecé con algunos que estaban en el suelo, temiendo levantarse. Les puedo decir que DIOS me envió un ángel. En ese momento, pude escuchar lo que sonaba como el giro de la rueda de una bicicleta. No podía verla, pero escuché el clic, clic, clic. Miré hacia abajo y todo lo que podía ver era las piernas de un individuo. Era un hombre; podía decirlo por el tamaño de sus pies. Tenía calcetines de baloncesto hasta las rodillas, y cuando le pedí que me ayudara lo único que escuché fue su voz que decía: "Sígueme".

Comencé a seguir el ruido de la bicicleta,
porque no podía ver nada de su rostro ni
nada por encima de su cintura, así que seguí
el ruido. Él iba más rápido que yo, y le pedí
que por favor bajara la velocidad, ya que
sólo estaba tratando de enfocarme entre todo
lo que me rodeaba. Lentamente desapareció
en la nube de polvo, pero seguí oyendo el
leve chasquido de los neumáticos, así que
me abrí paso a tientas. Estaba en la acera y
sentía que estaba junto al edificio, y luego
doblé la esquina. Todo lo que podía ver era
este increíble rayo de luz del sol que brillaba
en la calle. Comencé a correr hacia esa luz
hasta que las cosas se aclararon. Las
personas se ayudaban unas a otras,
abrazadas, mirando hacia atrás con
incredulidad; mirando hacia atrás, donde una
vez estuvo la Torre. Mientras caminaba por
la calle, me di la vuelta y miré hacia arriba.
El *One World Trade Center* todavía estaba
de pie, con humo negro saliendo de la
esquina superior central y hacia atrás.
Entonces me fijé en un hombre que
trabajaba en la sala de correo de la empresa
para la que trabajaba mi Bebé, le pregunté si
lo había visto y me dijo que no. Me quedé
allí, mirando a mi alrededor y mirando hacia
las torres, y noté que la antena y la parte

superior del edificio se inclinaban lentamente. Entonces sucedió. Vi la Torre Uno colapsar con mi bebé posiblemente todavía adentro y sólo puedo decirles que la "Perseverancia" entró en acción. Todo mi cuerpo entró en modo de supervivencia y mis piernas empezaron a correr. Corrí desde el *World Trade Center* hasta la 38 y Madison. Mi hermana menor era asistente administrativa en una oficina legal allí y eso fue lo primero que me vino a la mente.

Comencé a correr y nunca me detuve. Recuerdo que una mujer que era dueña de una tienda me detuvo cuando caminaba y notó que no tenía zapatos puestos. Me ofreció un par de sandalias chinas que estaban a la venta afuera. Me los puse y continué mi viaje. Cuando llegué, pregunté por mi hermana y me avisaron que se había ido al centro a buscarme, así que me llevaron al baño y simplemente abrieron el grifo y empezaron a echarme agua para limpiar el polvo. Esperé y mi hermana regresó. Ella nos dijo que todas las personas que se dirigían al centro fueron rechazadas. Nos dirigimos a Harlem, a la casa de mi hermana menor, mientras se preparaba a sí misma y a sus hijos. Luego todos hicimos nuestro viaje a través del puente hacia Queens.

Puedo continuar en detalle con la cadena de eventos que sucedieron esa mañana, pero todo lo que puedo decirles es un "PERO SÓLO POR DIOS", quien me mantuvo en una pieza, capaz de seguir pensando y funcionar durante el resto de ese día. Esa caminata tomó horas. Mis hijas fueron sacadas de la escuela por mi tío, que era un oficial de policía retirado de la ciudad de Nueva York. Llegué a casa de mi abuela, donde todos estaban detenidos mientras sucedía lo impensable. Estaban viendo la cadena de eventos en la televisión y me preguntaron dónde estaba Andrew apenas me vieron. Fui a casa esa noche, me senté junto a la televisión y sólo miré hacia la puerta, esperando que él entrara. Escuché las noticias toda la noche. Escuché las instrucciones a los miembros de las familias, de que si creían que habían perdido a un miembro de la familia, fueran a los hospitales locales con fotos y cualquier cosa que pudieran usar para identificar positivamente a los sobrevivientes en los hospitales locales.

La noche me pasó por encima. Llegó la mañana y me preparé para regresar al *World Trade Center* en mi nuevo viaje en busca de Andrew. Salí temprano en la mañana. Dejé a mis hijas con la madrina de mi hija menor y me fui sola en el tren, de regreso al horror, el dolor y la pérdida que había ocurrido hacía unas horas. Cuando llegué ya había cientos de personas allí. Fue un caos puro; la policía estaba tratando de crear orden, colocando a las personas en filas. Gritaban instrucciones sobre lo que querían que hiciera la gente. Comenzaron a repartir solicitudes, para que pudiéramos enumerar los nombres de nuestros familiares desaparecidos. Mientras permanecía en las filas día tras día, incluso semanas después, ya no se trataba realmente de buscar a Andrew; ahora se convirtieron en días de llenar solicitudes en busca de ayuda. Había perdido mi trabajo, mis amigos, mi prometido, mi sentido de seguridad y mi sentido de libertad en un día. Todavía tenía hijas que cuidar, facturas, alquiler, etc.

Después de un mes de no poder localizar a Andrew decidí realizar su memorial. Invité a sus amigos, a la madre de su hija y a familiares cercanos, y simplemente lo recordamos. Entregué algunos de sus artículos, empaqué y guardé los que eran importantes para mí. Guardé su camiseta favorita, algo de ropa, algunos CD´s con su música favorita, que era el reggae, y lo guardé en un baúl que compré. Me tomaba cada centímetro de fuerza para levantarme cada mañana. Yo sólo quería morir. Haber encontrado finalmente a un hombre que me trataba como a una reina, que me adoraba y admiraba, y me decía lo hermosa que era todos los días de camino al trabajo. Eso había significado un mundo para mí. Me merecía un hombre así. Andrew me atendió y nutrió mi alma, no porque tuviera que hacerlo, sino porque quería; definitivamente hay una diferencia en ello. Realmente siempre pensó en mí emocionalmente. En el momento en que nos conocimos yo también estaba lidiando con el padre de mi hija menor y no fue fácil, pero él se sentó pacientemente y me dejó lidiar con esa relación de la mejor manera que sabía. Aceptó a mis hijas como suyas y siempre se aseguró de que nuestras finanzas estuvieran atendidas. Mientras estaba en el trabajo, enviaba a uno de sus dos mejores trabajadores, Lamar o Stanley, al escritorio de visitantes donde yo trabajaba, para que siempre me trajeran café o té. Era simplemente un hombre asombroso en todos los aspectos; era tan único, humilde y diferente.

Sí le pregunté a DIOS "¿Por qué?" "¿POR QUÉ ÉL?" "¿POR QUÉ DIOS permitió que le sucediera esto? ¿Por qué me permitió volver a estar sola? ¿Por qué no pudo haberle abierto un camino para escapar y regresar con nosotras?" Admito que estuve enojada, amargada y resentida durante los siguientes meses. Celebramos las fiestas y tuve que ver a mis hermanos con sus seres queridos, las familias junto con sus hijos disfrutando de las fiestas, y yo me quedé sola con mis hijas nuevamente. Pero la "perseverancia" siempre viene y llama a mi puerta, y me recuerda que no ha terminado; que no puedo rendirme y debo continuar en mi Viaje. Incluso si nunca supe realmente cuál sería el resultado.

DIOS se me reveló durante una de esas noches de sollozos y me recordó que me había salvado, y que todavía tenía trabajo que hacer por él. Me recordó que me libró por una razón. ¿Cuáles son las posibilidades de que yo estuviera en ese autobús y mi hija mayor me llamara para que bajara? ¿Cuáles eran las posibilidades de que llegara tarde? ¿Por qué me salvé y me protegí del terrible destino que muchos encontraron ese horrible día? Empecé a ver Su propósito divino por todo lo que ha hecho en mi vida. No entendí lo que eso significaba hasta que comencé a reunirme con mujeres de nuestra comunidad. Cuando mencioné que era una sobreviviente del 11 de septiembre, me pidieron que hablara con las mujeres en el refugio para personas sin hogar, luego en la escuela media y en la secundaria local. Después de dejar cada evento, me sentía cada vez más completa y tenía la sensación de un propósito al haber sobrevivido. Entonces comprendí que DIOS me había guardado durante toda mi vida para que pudiera contar mi historia y ayudar a otros a sanar.

En marzo de 2002, decidí empacar lo que pudiera del apartamento en el que vivíamos en Queens, y conduje a mis hijas y a mí hasta Rhode Island, para comenzar nuestras nuevas vidas. Encontré un trabajo en una oficina tribal para la tribu *Mashantucket Pequot,* y este fue el comienzo de una nueva vida y nuevas amistades. Recuerdo que me preguntaron si había perdonado lo que esos terroristas me hicieron, asesinar a mi Andrew y a casi otras tres mil almas inocentes, y todo lo que pude decir fue que tenía que perdonar, porque Dios nos lo ordena.

Una cosa que surgió de toda esta experiencia es que perder a Andrew me empujó en mi caminar espiritual. Comencé a ver las cosas mucho más claras: valoraba más la familia y las amistades, y me sentí humilde con el recordatorio de que podría perderlo todo en un día, por lo que nunca debemos hacer planes para el futuro, porque realmente no tenemos garantizado el mañana. También aprendí a abrazar la vida un día a la vez. Me recordó que en cualquier momento o día tu vida puede cambiar, en un abrir y cerrar de ojos, y la vida está cambiando siempre. Se necesita una tremenda cantidad de dolor para empujar a uno hacia su propósito, para que se dé cuenta de que hay algo más grande que su circunstancia, que DIOS tiene una personalidad increíble; Él realmente tiene sentido del humor y usa situaciones y experiencias para empujarlo a uno hacia su caminar espiritual, ya sea que esté listo o no.

Me he dado cuenta de que realmente tenemos que DEJAR IR y DEJAR A DIOS ACTUAR, porque en verdad no tenemos control alguno sobre nuestras vidas. Independientemente de los planes que tengamos para nuestras vidas, en un momento se produce un cambio y nos coloca en otra dirección. He aprendido a mirar siempre la positividad en una situación negativa. Ahora estoy convencida de que cada prueba que superemos se convertirá en nuestro testimonio, y nuestro testimonio es nuestra historia al mundo, para ayudar a sacar a alguien más de su oscuridad. No todo el mundo tiene la misma fuerza; nunca sabemos por lo que otros pueden haber pasado en sus vidas, que les ha llevado a tal quebrantamiento. DIOS verdaderamente me reveló que nunca debemos juzgar un libro por su portada; debemos abrir el libro y leer su historia para poder conectarnos con él.

Ahora camino en la vida con

Paz en el Propósito, sabiendo que todo lo que sucede, ya sea a mi favor o no, es para mi bien. Es otra lección que necesito aprender para que pueda crecer más fuerte en Él, y realmente creo que Él me ha elegido para convertirme en Su Guerrera en el ejército de DIOS. Me puso a la vanguardia para resistir todos los ataques de la vida, para el avance de otras personas. Ahora estoy bien con esta asignación terrenal que se me ha dado. He estado luchando contra este ataque toda mi vida. Siempre digo que el diablo ha estado tratando de matarme desde el día que nací. No estoy segura de cuándo o cómo se me dará un descanso de todo este dolor y pérdida, pero sé que mientras me aferre a las manos de JESÚS lo lograré. Mi corazón ahora anhela convertirse en un reflejo de Él, y he aprendido que el ataque de hoy puede convertirse en la ventaja de mañana. He aprendido a interpretar mi dolor a través del lente del propósito de DIOS.

He aprendido que usted necesita encontrarse consigo donde está; tiene que ser lo que es y no lo que la gente dice de usted. Siempre traté de encajar y convertirme en la mujer que cada hombre en cada relación quería que fuera. Las lágrimas que he derramado por las relaciones y por los miembros de la familia se han secado, ahora sé que debo luchar contra ellas con oración y adoración, en silencio. Usted necesita tomar un momento y admirar su fuerza, lo que ha pasado, y abrazarse a sí mismo donde se encuentra en este momento. Incluso si aún no ha salido de la tormenta, sepa que lo logrará siempre y cuando se aferre a los brazos de JESÚS.

Desde pequeña me di cuenta de que era diferente. Se necesita valor para caminar por este mundo sintiendo que uno no encaja en ningún lado. Nunca me sentí como si perteneciera a ningún lado. Nunca estuve apegada a cosas mundanas, como a la última moda o a conducir los últimos autos, o mantenerme al día con las tendencias. Siempre sentí como si nunca hubiera pertenecido realmente a esta tierra, como si me hubieran colocado aquí por una razón. En un momento realmente creí que había nacido para experimentar dolor, decepción, falta de amor y admiración. Siempre sentí como si mi corazón fuera demasiado grande, demasiado sensible a las necesidades de los demás, siempre anteponiendo sus necesidades a las mías. Pero DIOS realmente ha comenzado a enseñarme cómo ser feliz, incluso cuando vienen las tormentas.

Quiero que usted, lector de mi historia, sepa que también puede ser feliz durante su tormenta. Usted también superará el dolor, la pérdida y la decepción, y aprenderá a apoyarse únicamente en la comprensión de su circunstancia. No busque los consejos, opiniones o entendimientos de los demás, sino permita que DIOS le muestre "por qué usted", y sepa que DIOS ama a las personas quebrantadas y rechazadas. Cuando no encajemos con el mundo que nos rodea, crearemos un sentido del propósito de DIOS en nuestra vida. Y también sepa que detrás de cada bendición y de cada regalo hay un precio que debe pagarse para obtenerlos, por lo que debe vigilar lo que pide. Sepa que DIOS equilibrará su vida con las cosas que le han salido mal en ella. Me di cuenta de que, incluso con todo el dinero que había tenido en el banco, eso nunca me brindó la alegría que el mismo Jesús ha brindado a mi Vida. El AMOR de DIOS no se puede comprar; debe ser aceptado en su corazón y vivido en el día a día. Y para mi lector, simplemente sepa que detrás de los ataques de la vida está siendo altamente favorecido por su Padre. Cada prueba que enfrenta y atraviesa con una sonrisa y en alabanza, usted pone una sonrisa en el Rostro de DIOS. Con cada obstáculo que enfrenta y transforma para sacar a otro de su quebrantamiento, los Ángeles cantan y bailan a su favor. Oro para que mi historia de **Perseverancia** le haya tocado, y haya sanado y fortalecido algo dentro de usted.

AFIRMACIÓN

La Perseverancia se convertirá en tu Superpoder. Nunca te des por vencido contigo mismo.

_____

_____

_____

_____

_____

_____

_____

_____

_____

_____

_____

_____

_____

_____

REFLEXIONES

La forma de ganar en cualquier batalla es ser obediente, sacrificar sus emociones y sus sentimientos por ese momento disperso, y estar de pie "Por causa de la Cruz". A veces la Cruz es quedarse en un matrimonio en el que no se es feliz; estar en esa relación que tiene demasiado miedo de dejar; trabajar en un empleo no le paga lo que vale; amar a alguien que no le ama; dar y dar y nunca recibir; ser apuñalado por la espalda por los amigos en los que tanto confiaba; o incluso más doloroso, perder a un hijo, cónyuge, amigo o familiar. Todo lo que mata su espíritu y su carne, esa es su Cruz. Debe usar su Cruz como su escudo, y usarla cubriendo su Corazón de todo el dolor y la decepción que esta vida le infligirá. Sepa que su fe está probada por usted mismo, y debe creer en ella porque tiene un propósito superior. Le hace desafiar su miedo más profundo y le asusta hasta la muerte, pero eso es lo que DIOS necesita para que pueda dar un paso hacia su liberación y propósito. Es hora de dar un paso hacia la fe y no temer más. Mi pregunta para usted es: "¿Qué es exactamente lo que tiene que perder?"

¿Qué experiencia ha tenido que le hizo
sacrificar sus emociones y le llevó a estar
delante de la cruz?

_____

_____

_____

_____

_____

_____

_____

_____

_____

_____

_____

_____

_____

_____

_____

CAPÍTULO TRES

Abrazando Su Belleza Individual

Desde el primer recuerdo vívido que tengo de mirarme en el espejo, noté que me veía diferente. Miraba a mi madre, que tenía una cabeza increíble, de hermoso cabello negro. Luego miraba a mi padre, que tenía un afro mixto corto. Mi madre era de piel clara y mi padre de tez más oscura, así que al crecer nunca supe realmente con quién afiliarme. Mis dos padres hablaban español en casa, así como mis abuelos, pero cuando se trataba de mis amistades y del vecindario en el que nos criamos, la mayoría eran afroamericanos y latinos. Todavía hoy le digo a mi madre que desde la tierna edad de quizás siete años mi identidad cambió, cuando finalmente ella se cansó de no poder peinarme, así que me envió a la casa de mi amiga Ángela, al otro lado de la calle, para que me trenzaran el pelo. Recuerdo esas cuentas que me ponían en el pelo y que me golpeaban en la cara cada vez que me daba la vuelta, cuando alguien llamaba mi nombre.

A medida que fui creciendo siempre me sentí como si no perteneciera a ningún lugar. Los chicos y chicas jóvenes se burlaban de mí. Se burlaban de mi cabello, que usualmente estaba en un afro, y cuando estuba lo suficientemente largo simplemente lo colocaba en una cola de caballo y se hacía como un gran arbusto. Recuerdo el día con claridad: era un hermoso día de verano. Mis hermanos y yo estábamos en la playa de Long Island. Estábamos con la amiga de mi madre y recuerdo tener esa espesa cabellera. ¡Era un desastre enorme! Lo siguiente que supe fue que mi madre me llamó, sacó unas tijeras, me dijo que me sentara y empezó a cortarme todo el cabello. Podía sentir las lágrimas cayendo de mi rostro mientras lloraba, no sólo porque ella me estaba cortando el cabello, sino que lo hizo en la playa, frente a tanta gente, y cuando terminó me quedé con sólo un pequeño afro; parecía un niñito.

Esa se convirtió en otra situación que obstaculizaba mi propia identidad. Me quedé totalmente impresionada. Pasé los siguientes años en el espejo tratando de averiguar qué iba a hacer con este corte que mi madre me acababa de dar. Con el tiempo me volví creativa. Apartaba un poco de cabello hacia un lado y lo retenía con pinzas para el cabello de diferentes colores. En la medida que crecía, lo mojaba y agregaba acondicionador y simplemente mecía mis rizos. Mientras crecía para ser yo, y en mi propia individualidad, gran parte de mi percepción de mí misma se envolvió alrededor de mi cabello y en cómo se veía. Me alisaba el pelo y me encantaban esos momentos en que iba a la escuela con el pelo lacio, sintiendo la brisa a través de mi cabello que realmente se movía con el viento. Lo peinaba sin dificultad y simplemente me miraba al espejo, sintiéndome tan hermosa en esos momentos. Entonces, la realidad entraba en acción cuando en dos días mi cabello comenzaba a encresparse nuevamente en un pequeño afro. Con el paso de los años puedo admitir que la forma en que me peinaba era fruto de la época.

Tenía diecinueve años cuando decidí ir a la escuela de peluquería en Miami. Asistí a una escuela de cosmetología en Miami y me encantó. Fue entonces cuando me introdujeron a las extensiones y la coloración del cabello, y todo tipo de estilos asombrosos con los que jugábamos y experimentábamos en el cabello de los demás. Este fue el momento en que me enseñaron a cambiar todo mi aspecto en un instante. Me enamoré de las extensiones de cabello y nunca más miré hacia atrás. He probado todos los colores, todos los estilos y todos los cortes que se le puedan ocurrir. La conveniencia de no tener que lidiar con mi propio cabello fue asombrosa. Recuerdo que me probé un *body wave* brasileño de 18 pulgadas, negro azabache, y ¡Dios mío! ¡Qué cambio creó en mí! Me sentía tan sexy, caminaba con tanta confianza, y me hacía sentir erótica y verdaderamente poderosa. Nada era suficiente, y tan pronto como llegaba el momento de quitarlo, me lavaba el pelo, lo acondicionaba y me ponía un nuevo mechón de cabello. Recuerdo que me sentía ansiosa si iba a estar unos días sólo con mi propio cabello, lo odiaba; me sentía tan fea… ¿Qué me estaba pasando? ¿Me estaba convirtiendo en un producto de la nueva era de falsas ilusiones y sensaciones temporales?

Lo que he aprendido, como madre, es que los hijos observan nuestras prioridades, y captan esas pequeñas pistas de inseguridades. Una vez introducida en el mundo del cabello, no pasé una semana sin agregar cabello, o sin cambiar el look de mis dos hijas. Tenían lo que se puede llamar cabello grueso e inmanejable, y me sentía muy cómoda agregando cabello falso a sus cabezas, porque me ahorraba tiempo, era más fácil de manejar y se veía presentable cuando estábamos en movimiento. Lo que no sabía es que también comencé a cambiar su imagen de ellas mismas, y nunca abrazaron realmente sus rizos naturales. Entonces, lo que hacemos como madres realmente influye en nuestros hijos, especialmente en nuestras niñas.

Nosotras, como mujeres de una minoría de color, debemos mostrarles a nuestras hijas e hijos pequeños, desde muy temprano en la vida, que deben abrazar las hermosas coronas que han heredado en sus cabezas. Deben aprender a amar las diferentes texturas, y a aceptar sus texturas individuales y patrones de rizos, y trabajar con ellos. Lo más importante es mostrarles que son igual de bonitas con o sin pelo artificial. La palabra clave aquí es "artificial". Nuestra sociedad ha creado una generación de belleza artificial, desde la coronilla hasta la planta de los pies. Estamos ante una generación que busca la aprobación de los demás para sentirse bella; esta generación es bombardeada con comerciales, letras musicales, revistas y redes sociales, con fotografías de lo que se considera hermoso, correcto y exitoso.

Nos enfrentamos a una generación con percepciones retorcidas de la belleza, mal informada, distorsionadas con mentiras, con fotografías editadas y cuerpos y rostros esculpidos médicamente. Cuando nuestros hijos se miran en el espejo se están comparando con estas falsas ilusiones, y les está creando depresión y ansiedad. Tenemos una generación llena de jóvenes adultos confundidos, que buscan el Amor en los lugares equivocados. Tanto hombres como mujeres jóvenes están sufriendo, porque no se les da la oportunidad de abrazar su belleza individual. Se están comparando con cada joven que encuentran, queriendo ser aceptados o apreciados por su imagen. Es muy importante que inculquemos en nuestros jóvenes la capacidad de abrazar su individualidad, en la singularidad de sí mismos. Las redes sociales han creado un impacto negativo en la forma en que nuestros niños piensan y priorizan sus vidas. Debemos inculcar vidas **Llenas de Propósito**, y hacerlos responsables de abrazar su propia belleza individual.

Este fue un hábito que tuve que aprender a lo largo de mi vida. A medida que desarrollaba una nueva relación, yo cambiaba para esa persona. Todas las personas con las que estaba me pedían que cambiara mi apariencia, de acuerdo con lo que les atraía. Fue muy estresante para mí tener que cambiar mi comportamiento, mi apariencia, mi forma de cocinar, la forma en que hablaba y caminaba. En ese momento pensaba que era la única manera de mantener satisfecho al hombre de mi vida. Si miro hacia atrás, a todas las fotos que he tomado en los últimos 20 años, puedo decirles que miro algunas de ellas y ni siquiera puedo reconocerme. Miro hacia atrás con asombro, por la facilidad con la que fui influenciada por las percepciones de esta sociedad.

Los tiempos han cambiado y nuestros niños, desafortunadamente, están evolucionando más hacia el futuro y la tecnología. Toda la interacción es ahora a través de textos. Nuestros niños están perdiendo sus habilidades sociales y sus habilidades con las personas en general. Cuanta más tecnología se introduce, más pueden nuestros hijos tener la cabeza metida en sus teléfonos, enviar mensajes de texto y no interactuar cara a cara con amigos. Han sacado a DIOS del sistema escolar, por lo que tenemos una generación que ya no es consciente de los estándares, la moral, el respeto y el Amor por nuestro mundo y por toda la humanidad. La capacidad de aceptar la belleza individual ha sido reemplazada por encubrimientos y máscaras que se colocan para pasar el día.

Lo más importante para mí, al aceptar mi belleza individual, es rendirme a todos mis defectos; al menos a los defectos que noto en el espejo. Cuando comencé a darme cuenta de que muchas de las cosas que noté sobre mí no las veían todos, comencé a preguntarme si realmente se veían tan mal. ¡Me refiero a que a los 47 años mi estómago, pechos o trasero no se verán como hace 20 años! Me veo envejeciendo con gracia. He aceptado las canas que han estado tratando de brotar de mi cabeza desde que tenía veintidós años, y las amo absolutamente. Nunca me sentí tan libre.

Comencé a comparar mi yo de cuando tenía 20 años con jóvenes de 20 años que caminan hoy, y tuve que darme cuenta de que esta generación es diferente. Nuestras niñas se están desarrollando más rápido, y están más conscientes y enfocadas en sus cuerpos y aspectos a una edad más temprana. Han aprendido a realzar su apariencia y sus habilidades sexuales con competencias y desafíos que nos dejan en completo y absoluto disgusto. ¿Qué ha pasado con nuestra juventud? ¿Dónde está la pureza, la inocencia?

Me gustaría presentarles a esta joven generación de mujeres la verdadera evolución de una oruga, hasta convertirse en mariposa, y cómo se arrastra a lo largo de su vida, buscando comida y refugio. Todos los días tiene la gran lucha por sobrevivir ese día ante los animales que intentan capturarla como alimento. Se esconde y se arrastra por la vida, alejándose de los fuertes vientos y tormentas, y de los humanos que la pisan accidentalmente. La oruga pasa su tiempo recolectando alimentos y buscando refugio en los veranos calurosos. Al igual que las mariposas, que fueron creadas con un instinto interno, algo interno que las dirige, las instruye y las guía sobre lo que necesitan hacer, a nosotros se nos inculca ese mismo instinto con el Espíritu de DIOS, y es un instrumento que se usa para entrar en nuestro Propósito. Hay cuatro etapas en el ciclo de vida de una mariposa. Las etapas incluyen: **huevo, larva, crisálida y adulto**. Todo el proceso se llama completa metamorfosis.

Me gustaría dejarles con algunos consejos. Hay algunas cosas que he aprendido a ver de manera diferente a lo largo de mi vida, y que han marcado una gran diferencia en ella, y en la forma en que funciono y opero. Sea dueño de su propia felicidad; asuma la responsabilidad de aquellas cosas que le traen paz mental y nutren su corazón, fuera de sus posesiones mundanas. Disfrute su relación consigo mismo. No hay buen fruto que salga de su vida sin una buena relación sana con Jesús y **consigo mismo**. Recuerde: usted no es más que las relaciones de las que se rodea y con las que elige entretenerse. ¡Está bien ser exigente con sus amistades!

Desafíe su historia; cambie la forma en que se ve y piensa sobre sí mismo. Disfrute y abrace su viaje. Deje de enfocarse tanto en el destino que ha imaginado para su vida y déjese llevar, y deje que DIOS actúe. Disfrute todo el proceso de vivir y festéjese en el camino. Haga que todas sus relaciones cuenten, incluso las malas. No creo en el azar. Creo que todos los encuentros fueron predestinados por DIOS para nuestro bien, para mostrarnos una lección, ya sea que la relación sea saludable o tóxica. Haga de su relación con DIOS una prioridad, porque sé con certeza que Él es real.

Trate de lograr un buen equilibrio entre el trabajo y la vida personal. Después de trabajar en tres empleos en los últimos diecisiete años, me di cuenta de que necesitaba equilibrar mi vida laboral con mi vida lúdica. Nunca disfruté mucho relajarme o pasar tiempo con mi familia y amigos. Supongo que ser madre soltera, sin ningún apoyo, me puso en este modo de rutina, en el que no tenía tiempo para jugar, pasar el rato o divertirme. Tenía tres hijas que dependían de mí para todo, y tenía que asegurarme de que todas sus necesidades fueran satisfechas después de pagar todas las facturas. Independientemente del tiempo que me quedara, tal vez planeé una noche de chicas o un viaje familiar. ¡Después de trabajar 80 horas a la semana, estoy segura de que sabe que sólo tenía energía para dormir! Dormía toda mi vida, en cualquier oportunidad que tuviera. Me perdí tanto de la vida de mis hijas por mantenerlas, que olvidé disfrutarlas en el camino. No me malinterprete, tenemos muchos buenos recuerdos, pero desearía que hubieran mucho más.

Por último, pero no menos importante, a todas las madres o mujeres que aún no han tenido hijos: no es lo que les deja a sus hijos lo que los hace grandes; es lo que deja en ellos. Si deja lo suficiente en ellos, se convertirán en personas compasivas, honestas, amorosas, empáticas, humildes, con un corazón que querrá cambiar el mundo. Podrá vivir en paz, sabiendo que tendrán un impacto positivo en nuestro mundo sin su presencia, porque les ha inculcado algunas cualidades que este mundo necesita. Muéstreles que deben abrazar su belleza individual, y saber que fueron creados únicamente y a la imagen de DIOS. La forma en que abrazan su belleza individual tendrá un gran impacto en sus vidas; les ayudará en su viaje de plenitud.

DIOS ya ha preparado un viaje para nuestros hijos. Tienen un propósito que sólo DIOS realmente conoce, y todo lo que podemos hacer es guiarlos en la Palabra, con la forma en que vivimos nuestras vidas como adultos, como un ministerio para ellos. A medida que evolucionen, crecerán; a medida que pasan por las pruebas, crecerán; mientras soportan dolores y desgracias, crecerán; siempre y cuando se les inculque que a través de DIOS todas las cosas son posibles, y que nunca deben darse por vencidos ni de sí mismos ni en sus situaciones. Entonces tendremos un futuro lleno de hermosos líderes, adultos amorosos y personas que aman a DIOS. Es nuestra responsabilidad, como cuidadores, inculcar estas cualidades en nuestros niños. Enseñe a sus hijos a amar la piel en la que se encuentran, a amar la corona de cabello que poseen, la nariz con que inhalan y exhalan, el cuerpo que usarán como recipiente para cumplir la Palabra de DIOS algún día; y únase a mí en esta misión de salvar nuestro futuro.

Dedico este capítulo a mis hermosas hijas afro latinas: Cassandra, Brittany , Crystal, y Taylin las cuales nacieron todas con su cabellera única. Cada una de ellas se está convirtiendo maravillosamente en mujeres

*de Dios, viviendo con un propósito, y sólo
quiero que cada una sepa que estoy muy
orgullosa de ustedes y que mamá las ama.*

AFIRMACIÓN

Hay más de lo que sabes para ti, conoce quién eres.

_____

_____

_____

_____

_____

_____

_____

_____

_____

_____

_____

_____

_____

_____

REFLEXIONES

¿Se ha aceptado con sus defectos y todo? Si no es así, ¿por qué? ¿Qué hay en "USTED" que le hace sentir indigno? Y si es así, ¿es su propia percepción de lo que cree que es la perfección, o está siendo traicionado por el mundo y por lo que su perspectiva de la belleza realmente es?

_____

_____

_____

_____

_____

_____

_____

_____

_____

_____

_____

CAPÍTULO CUATRO

Aférrese A La Mano De Dios

Puedo decirles que me he aferrado a la mano de DIOS durante mucho tiempo, como la mayoría de nosotros lo ha hecho. Y puedo decirles honestamente que también le he soltado la mano, porque quería hacer las cosas a mi manera y tomar el control de la situación. Quería que el resultado fuera lo que yo quería que fuera. Eso no resultó muy bien. Cada vez que me solté de la mano de Dios terminé usada, maltratada, engañada y herida, y eso me llevó directamente a un callejón sin salida. No tenía más remedio que irme y empezar de nuevo. Permítame compartir con usted lo que me pasó cuando tenía trece años.

A los trece años era la mayor de cuatro hermanos. Era responsable de la limpieza, las tareas, el cuidado y la crianza de mis hermanos, porque mi madre era madre soltera y tenía al menos dos trabajos. Eso puso mucho estrés sobre mí. No estoy culpando a mi madre por mis acciones, porque yo tomé la decisión; incluso a los trece años se te da una opción a elegir, y a esa edad ya eres responsable de las consecuencias.

Puedo decir que esta era la edad que estaba destinada a moldearme en la mujer que soy hoy. Fue en ese momento que comencé a tomar terribles decisiones como joven. A mis ojos, tenía las responsabilidades de una mujer adulta. Me refiero a criar a tres hijos, limpiar, cocinar y ayudar con la tarea. La limpieza de la casa era el papel de una esposa o una madre, ¿verdad? Yo tenía trece años. Recuerdo sentir ira y resentimiento hacia mis dos padres. Quiero decir, yo no había elegido eso. Vi a mis padres concebir y traer a otro hijo a casa, una y otra y otra vez, mientras seguían peleando y estando en una relación tóxica. Yo amaba mucho a mis hermanos, y me encargaba de atenderlos y cuidarlos cuando mis padres estaban demasiado ocupados, tratando de resolver su matrimonio. Mi padre era un jugador compulsivo y alcohólico.

Recuerdo los días en los que él no regresaba a casa, o cuando lo hacía ya estaba borracho, porque decidía ir a la licorería antes de llegar a casa. Entonces mi madre empezaba a gritar y a tirar cosas. Ella no era del tipo tímido; mi madre hablaba y era una peleadora. No se le quedaba callada a nadie, y siempre se defendía a sí misma y expresaba cómo se sentía. Finalmente se cansó, empacó a sus cuatro hijos y nos llevó a vivir con su familia en Lawrence, Massachusetts. Aquí es donde todo comenzó realmente. Yo estaba creciendo, cambiando, mi humor cambiaba. Empecé a darme cuenta de que otros niños de mi edad eran más felices y que no tenían las responsabilidades que a mí me habían dado; por lo que siempre me sentía diferente, fuera de lugar y mucho más madura que la mayoría de ellos. Tenía trece años pero, con todo lo que había pasado, en ese momento era más como una mujer de 30 años.

Estaba en la escuela secundaria y un día pasé junto a una multitud de chicos. Uno de ellos me dijo algo y yo le respondí, así que me detuvo mientras pasaba junto a él, y me preguntó mi edad. Por supuesto yo no quería decir trece, porque creía que él nunca querría hablar conmigo después de eso, así que le mentí y le dije que tenía 18. Me dijo que también tenía 18. Me preguntó si podía encaminarme hasta mi casa. Respondí tímidamente y continuamos. Nunca había recibido ese tipo de atención, o quizás nunca había prestado atención, supongo. Mi objetivo principal después de la escuela era volver a casa y asumir mis responsabilidades, pero esto se sentía bien; se sintió bien. Sentí como si alguien realmente se fijaba en mí, y ya no era sólo la hermana mayor de la que dependían mis hermanos y mi madre. Me sentí como una persona real. Algo dentro de mí cambió; mi perspectiva de mí misma cambió en ese momento. Me dije a mí misma: "Oye, ¿por qué no?" Entonces, sólo lo miré y le di una sonrisa, y dije: "Sí, puedes acompañarme a casa".

Era guapo, de ascendencia puertorriqueña, de tez clara y bigote. Se veía como un hombre, definitivamente no como los niños pequeños con los que iba a la secundaria. Un día se convirtió en dos, luego en semanas en que él me acompañaba a casa. Hubo momentos en que yo iba a casa, miraba a los niños y les decía que estaría afuera. Al costado de la casa había un callejón, un pasillo que iba de un edificio a otro, y allí pasaba la mayor parte de mis tardes con él. Él me empujaba contra la pared y me susurraba cosas dulces al oído, y me daba esos besos que me dejaban hipnotizada. Yo había besado antes de esto usando mi lengua, pero en sus palabras, lo hice demasiado rápido, así que me mostró cómo besar a un hombre lentamente, con pasión. Me pedía que le mordiera los labios y le chupara la lengua. Para mí se sentía tan incómodo. ¿Por qué alguien disfrutaría esto? Pero como pronto noté el bulto en sus pantalones cuando lo hacía, supongo que entendí que había hecho un gran trabajo.

Comencé a enorgullecerme de encontrar formas de excitarlo. Recuerdo el día en que finalmente agarró mi mano y la metió en sus pantalones, y esa fue la primera vez que sentí un pene. Era duro, suave, curvo y lo sostuve en mi mano. Luego comenzó a alejarse de mí y luego más cerca, sugiriendo que comenzara a acariciarlo de arriba hacia abajo. Hice eso y fue entonces cuando sucedió. Él gimió mientras me besaba y me miraba a los ojos, y de repente sentí algo viscoso, cálido y húmedo. Inmediatamente quité mi mano y miré esta sustancia con disgusto, y él sólo me miró con una sonrisa agradable y dijo: "Buena chica".

Me besó en la frente y me dijo que tenía que irse, pero que me vería mañana. No sabía exactamente qué hacer con la sustancia en mi mano, así que simplemente la cerré y la sostuve hasta que entré, y la lavé con agua y jabón. No estoy segura de si estaba mal o bien que una niña de 13 años tuviera este sentimiento, pero sentí una sensación de logro. Lo había complacido y le gustó. Finalmente había hecho algo bien, porque todo lo que hacía en casa estaba mal. Nada era lo suficientemente bueno, así que algo dentro de mí quería sentir eso todo el tiempo. Cuando lo vi al día siguiente, lo volví a hacer.

A mis ojos, nos convertimos en pareja. Hubo momentos en que él no estaba allí y yo lo buscaba y no estaba por ningún lado. Puedo recordar sentimientos de tristeza y enojo, al no saber dónde estaba. Me iba a casa molesta, me desquitaba con mis hermanas, me encerraba en mi habitación escuchando mi música; o agarraba mi libro y comenzaba a escribir poemas sobre todos los sentimientos que tenía en ese momento. Comencé a escribir sobre mi dolor, mis pensamientos, y de amor u odio por mi vida. Mi padre no visitaba mucho en ese entonces y yo lo extrañaba. Echaba de menos la atención que me prestaba cuando me visitaba. Mi atención era especial. Simplemente sentía una conexión profunda con él, a pesar de que no vivimos con él por un tiempo. Siempre pensaba en él, preguntándome si estaba bien.

Conforme pasó el tiempo, mis sentimientos fueron más allá del punto sin retorno. Empecé a mentir más, a sobornar más a mis hermanos para que no dijeran nada. Ahora se había convertido en algo así como un trabajo. En realidad era abrumador, especialmente para mí, esta niña de 13 años sin una idea de lo que estaba a punto de suceder. Un día mi madre mencionó una fiesta a la que asistiría y me dijo que yo no podía ir por algo que hice o que dejé de hacer. Lo más probable es que ese fuera su castigo, pero lo que ella no sabía es que en realidad era una bendición disfrazada, o al menos eso es lo que yo pensaba. Inmediatamente le informé al chico, y le hice saber que en esa fecha y hora estaría sola en casa, y que él podría venir y relajarse.

Llegó el día y recuerdo haberme sentido tan ansiosa. No podía esperar hasta la noche, cuando se suponía que debían irse a esa fiesta. Estaba limpiando, asegurándome de que la casa estuviera impecable. No era nada raro, porque ese era mi trabajo durante la semana, mi responsabilidad como mayor. Mi madre y mis hermanos finalmente se fueron, él llegó y procedimos a sentarnos en el sofá de la sala de estar y mirar televisión. En unos minutos ya me estaba besando apasionadamente como solía hacerlo, pero esta vez fue diferente. Había un poco más de poder y fuerza detrás de ello. Sus manos comenzaron a sentir mi pecho, y agarró mis manos y las colocó sobre mi cabeza, mientras yo me acostaba en el sofá. Me detuve y le dejé saber que quería parar, conversar y mirar televisión. Recuerdo esa mirada en su rostro como de sorpresa, como "¿Qué?" Luego me miró a los ojos y dijo:

"No fue para eso que vine aquí".

Intentó besarme con más fuerza ahora y pude sentir su pene tan duro como una roca mientras se frotaba contra mí. A estas alturas, se había abierto paso entre mis piernas y todavía sostenía mis dos manos por encima de mi cabeza. Lo miré con cara seria y le pedí que se detuviera, diciéndole que no quería hacer eso. Eso pareció llevarlo al límite. Me miró y dijo amenazantemente:

"No me iré de aquí sin esto"

Abrió mis piernas con las suyas y con una mano empezó a bajarme los pantalones. Al instante me asaltó el miedo, supe que estaba en un grave problema. Me dijo que no llorara, que esto no me iba a doler, que me amaba y que sólo quería demostrarme cuánto. Intenté por última vez cerrar las piernas para detenerlo, y él se quedó mirándome y me dijo que me detuviera, así que lo hice y lo dejé conseguir lo que vino a buscar.

Recuerdo el dolor. Puedo jurar que escuché cuando se rompió. Sentí cuando mi cuerpo se desgarraba y ardía. Mientras cerraba los ojos me dije a mí misma:

"Mio, esto te lo buscaste"

 Dejé que se saliera con la suya mientras disfrutaba conmigo. Luego me dio vuelta, me dijo que me relajara y entró por la espalda. En este punto el dolor era tan intenso que casi me desmayé. Creo que mi espíritu dejó mi cuerpo y regresó a mí, luego todo terminó. Tenía dolor, pero estaba entumecida. Él no dijo mucho, me dio un beso en la frente y me dio las gracias cuando terminó. Se fue como si nada hubiera pasado. Procedí a levantarme y vi que el sofá estaba sucio. Fui a la cocina y agarré un trapo, un agente de limpieza, y comencé a limpiar el cojín. Luego le di la vuelta para que nadie lo supiera. Subí las escaleras, me metí en la ducha y sólo lloré. Finalmente me recuperé, me metí en la cama y lloré hasta quedarme dormida. Desde el día siguiente en adelante fue el comienzo de yo ser una niña que había perdido toda su autoestima, valor y todo propósito para vivir. Ya no deseaba mucho de nadie. Ya no vivía, sólo sobrevivía en mi propia vergüenza y culpa porque, como me decían mientras crecía, nunca podría hacer nada bien, y ahora seguía resonando en mi cabeza que esa afirmación era cierta.

Ese lunes, cuando salí de la escuela, estaba asustada y temía tomar el mismo camino a casa, para no encontrarme con él. Pero, efectivamente, ahí estaba él en la esquina esperándome. Se acercó a mí, me saludó con su famoso beso en la frente y me preguntó si estaba bien, y también si se lo había dicho a alguien.

"NO", respondí.

"Bueno. Esto es algo especial entre tú y yo. No quieres que vea a otra persona, ¿verdad?

No sé por qué eso me molestó, pero lo hizo, y dije: "No".

Continuó: "Así que nunca le puedes decir a nadie. Si lo haces, me enojaré y no querré verte más".

Las semanas que siguieron fueron normales. Mi madre se levantaba para ir a trabajar temprano en la mañana; nos preparábamos para la escuela y nadie notó nada: mi comportamiento, mi depresión, mi falta de motivación. Quiero decir, ¿cómo podrían? Sólo eran niños. Papá no estaba y mi mamá siempre trabajaba. A medida que me hundía más en mi depresión y mis sentimientos de inutilidad, decidí que necesitaba contárselo a alguien. Sabía que cuando se enteraran me iban a matar, así que pensé que bien podría hacerlo yo misma. Escribí cartas a mis hermanos y les dejé a cada uno algo para recordarme. Escribí cartas de disculpa a mi padre y a mi madre y elegí una fecha. No sé por qué elegí una fecha, en lugar de simplemente hacerlo. Soy obsesiva compulsiva con ciertas cosas (como el horario) y simplemente me aseguré de que todo estuviera en orden.

Todavía quería que al menos fuera conveniente para mi madre, así que elegí un viernes, para que no tuviera que faltar al trabajo cuando me encontraran. Ella aún necesitaba su trabajo, como madre soltera, y yo no quería molestar más su vida al tener que tomarse un tiempo libre del trabajo ¿me entiende? Entonces llegó el día y esperé hasta que todos se durmieron. En ese entonces mi madre tenía dos trabajos y tomaba somníferos para ayudarla a dormir. Había algunos otros medicamentos para el dolor, aspirinas, etc. Sabía que mi madre se levantaría alrededor de las 4 de la mañana para prepararse para el trabajo, así que me desperté en medio de la noche y fui al baño; me miré al espejo y me dije:

"Ok, dijiste que ibas a hacer esto y tienes que hacerlo".

Ya tenía una taza con agua a un lado de mi cama y la había traído conmigo. Procedí a abrir cada botella, una a la vez, y tragar todas y cada una de las pastillas. Cuando terminé una botella, la volví a colocar donde la encontré. A lo largo de este proceso sentí náuseas algunas veces. Vomité en mi boca, pero me lo tragué todo. Me miré al espejo pensando que sentiría algo, pero no sentí nada. Volví a la cama y simplemente me acosté ahí. Pasó un tiempo, no puedo decirle cuánto, pero comencé a sentir algo; algo estaba pasando. La habitación empezó a dar vueltas y me sentí fuera de control. Podía sentir que mi respiración se hacía más lenta, mis manos se sentían entumecidas y, cuando fui a moverme, no pude. Era como si estuviera paralizada en ese momento, y todo lo que podía mover eran mis ojos y luego se cerraron.

Por lo que me dijo mi hermana pequeña, cuando vino a despertarme en la mañana yo estaba de lado, con espuma saliendo de mi boca. Mi madre estaba en el trabajo, así que corrió hacia la niñera, que vivía en el edificio de al lado, y llamaron al 911. Cuando llegaron, mi pulso y presión arterial estaban muy bajos, así que me trasladaron al

Hospital Memorial de Boston. Recuerdo que abrí los ojos y la habitación estaba completamente iluminada. La luz era tan brillante que estaba en todas partes, como si alguien hubiera colocado una bombilla frente a mis ojos, pero no afectaba mis ojos ni un poco. No estaba de pie, estaba flotando. Fue un sentimiento tan pacífico. Sólo estaba buscando algo. Entonces escuché esa voz decirme:

"No es tu hora".

Miré a mi alrededor para tratar de distinguir de dónde venía la voz, pero parecía provenir de todas partes. Le dije a la voz que no quería volver, que quería quedarme allí, y la voz continuó diciéndome: "No es tu hora". Sentí entonces que caía lentamente, como una hoja de un árbol; no rápido, sino lento, con un movimiento flotante, como colocar con cuidado a un bebé en una cuna cuando se ha quedado dormido. De repente sentí una sacudida y mi pecho se elevó. A continuación escuché un pitido, un pitido, un pitido y volví. Puedo decirlo porque sentí cuando empujaron el tubo por mi garganta y comenzaron a bombear mi estómago con carbón. Sentí todos los dolores y todos los sentimientos de estar de vuelta con vida y en mi cuerpo. Estaba de vuelta en mis sentimientos, en mi situación, en mi circunstancia y sólo susurré en mi cabeza a quienquiera que me hubiera hablado:

"No quiero volver"

Me puse a llorar, y lidié con los médicos y enfermeras. Recuerdo que cuando mis ojos estaban cerrados, porque no quería abrirlos, mi madre me frotaba las manos. Podía sentir sus lágrimas cayendo sobre mis manos, pero yo estaba tan enojada y tan avergonzada de que mi plan no hubiera funcionado, y de que pasé todo eso de balde. Pero supongo que DIOS tenía otros planes para mi vida, como pronto descubriría.

Pasé un tiempo en el hospital y, antes del alta, los médicos se sentaron con mi madre y le dijeron que no iba a ser una adolescente productiva, que necesitaba más evaluaciones, por lo que convencieron a mi madre de que me inscribiera en un centro psiquiátrico. Recuerdo el día en que mi madre vino a buscarme al hospital y me explicó que me iría por un tiempo. En ese momento no entendí lo que estaba diciendo, pero luego me di cuenta, cuando condujimos un poco lejos hacia ese gran campus. No recuerdo nada más que un montón de médicos, enfermeras y preguntas. Supongo que fue parte de mi registro, y luego mi madre se despidió. Mi madre estaba llorando. Me di cuenta de que ella no quería dejarme allí, pero supongo que después de lo que experimentó, casi perdiéndome, tal vez sintió que no había otra forma.

Había otros chicos allí y, como me adapto tan fácilmente, hice algunos amigos. Uno era un hombre llamado Shawn, un chico blanco, de ojos azules y tirantes dentales, con el pelo largo y lacio, que solía arrojar hacia un lado todo el tiempo. Finalmente se convirtió en mi novio (aquí iba yo de nuevo, buscando a papá en los lugares equivocados). Si pudiera retroceder en el tiempo y visitarme a mí misma, ¡juro que me golpearía! Mi madre no sabía nada de la relación, ni las enfermeras, ni el guardia; ya que no estaba permitido. Encontrábamos nuestros rinconcitos para besarnos, tomarnos de las manos y estar ahí el uno para el otro.

Recuerdo que me comporté mal y me colocaron en la habitación acolchada, sólo con ropa interior y la camisa de fuerza, y ellos ponían el aire acondicionado como castigo para congelarnos. Guardaba mis medicamentos en el bolsillo y los arrojaba a un rincón del alféizar de mi ventana, hasta que un día uno del equipo de limpieza los descubrió y me denunció. Luego, durante el tiempo de medicación, me encontré con una enfermera que me daba mis medicamentos, y ella no salía de la habitación hasta que yo abría la boca y sacaba la lengua. Pasaron los meses y me di cuenta de que ser desobediente no era el camino. Llamaba a mi madre llorando para que viniera a sacarla, pero en este punto no había nada que ella pudiera hacer. Dependía del médico y de su evaluación recomendar si era mentalmente capaz de salir al mundo real, sin volver a intentar suicidarme. Aprendí mi lección rápido. Durante una de mis sesiones, recuerdo que el psiquiatra me dijo que no saldría de allí si continuaba con ese comportamiento, así que finalmente dejé todo mi enojo a un lado y trabajé para algún día ser liberada. Limpié, me ofrecí como voluntaria para limpiar el salón comunitario, mostré interés en ir a la escuela y, finalmente, se me permitió pasar tiempo al aire libre. Eso se sentía tan bien. Sentir el aire fresco y el sol en mi piel, y simplemente caminar afuera fue liberador.

Después de unos meses tuvieron una reunión con mi madre. Decidieron que estaba lo suficientemente bien como para irme. Tenía que despedirme de Shawn. Fue difícil, porque habíamos llegado a depender uno del otro, y nos cuidábamos el uno al otro. Su familia tenía dinero, pero nunca vino a visitarlo tanto como mi madre me visitaba a mí. Las visitas de mi madre fueron agradables. Preguntaba por mis hermanos; los extrañaba mucho. No los había visto en meses, y no les permitían visitarme, porque eran menores. Finalmente dejé ese lugar, que parecía abandonado por Dios, y nunca miré hacia atrás, e hice un voto en la vida de nunca volver a terminar en una instalación mental.

Lo que quiero dejar con usted en este capítulo es que "JESÚS ES REAL" y Él le ama. Por ninguna situación en este mundo vale la pena quitarse la vida, por fuerte que sea. Sé que a veces quiere rendirse y se siente solo, confundido y desesperado, pero por favor escúcheme. Mire hacia los cielos, levante sus manos, y grité al cielo: "¡Señor, toma mi mano!" Pídale que lo saque adelante. Pídale que tome lo que sea que usted quiera entregarle, porque la batalla no es suya, es de Él; y en Él sepa que ya ha ganado la batalla. También puedo decirle que se quede quieto; aprenda a estar callado para poder escucharlo hablar. Aprenda a estar quieto para que pueda verlo moverse en su vida. Tan pronto como haga eso, Él se revelará y le mostrará que Él es tan real, y que siempre está con usted. DIOS permitirá que sucedan cosas en nuestras vidas porque tenemos libre albedrío, y se nos ha dado la capacidad de elegir lo que está bien y lo que está mal. Cometeremos errores, pero sepa que con cada error hay una lección que aprender, y esa lección es para su beneficio, para su crecimiento y para su transformación en la mujer u hombre que Él le ha destinado a ser.

Estoy orando por usted ahora mismo en el nombre de Jesús, por sus fuerzas, fe, esperanza y amor en Aquel que me salvó a mí cuando pequeña, hace casi 35 años. Él es real, así que búsquelo y lo encontrará, se lo prometo.

AFIRMACIÓN

Agarrado de la mano de Dios es un lugar tan seguro para estar; cuando tomes Su mano, nunca te soltará.

_____

_____

_____

_____

_____

_____

_____

_____

_____

_____

_____

_____

_____

REFLEXIONES

¿Alguna vez se ha sentido solo, confundido y desesperado? Quiero que escriba su oración. Escríbala y sea específico. ¿Qué es lo que realmente desea que se restaure y se cure en su vida?

¿Cómo salió de esa situación? Y si aún no ha encontrado la manera, ¿qué ayuda necesita exactamente? Escriba lo que necesita en todas las áreas de su vida.

Utilice estas páginas siguientes para escribirlas.

_____

_____

_____

_____

_____

_____

_____

CAPÍTULO CINCO

El Amor De Papá

¿Alguna vez te has perdido a ti misma amando a un hombre? ¿Estás buscando el amor de Dios en un hombre?

En este capítulo, explicaré dónde comenzó realmente todo. Después de mi intento de suicidio, me llevaron en avión a Miami, Florida; a un pequeño pueblo llamado Hialeah, y me ubicaron en la casa de mi tía. Era un lindo complejo de apartamentos con una piscina en el medio. Después de unas semanas comencé a desarrollar amistades. Mis nuevos amigos eran cubanos, mexicanos, puertorriqueños y afroamericanos. Moverme allí encendió un poco de fuego en mí para querer explorar. Amaba el calor, amaba el agua; fue hermoso. Mi tía nos llevó a Miami Beach y yo simplemente me enamoré. Habíamos vivido en Long Island cuando era mucho más niña, justo en frente de la playa, así que hacía ya un tiempo que no estaba tan cerca del agua. Imagínese tener 14 años en Miami, en la década de 1980; cuando el grupo más popular era *Two Live Crew*, y las canciones incluían "*Pop que P ****" y "*No eres más que una mami inmoral*". No tenía a mi madre ni a mi padre conmigo. Vivía con primos, así que mi libertad era bastante buena.

Un día estaba junto a la piscina y se había mudado a una nueva familia. Eran cubanos, pero se habían mudado desde Union City, Nueva Jersey. Uno de los miembros de esta familia era un chico joven, de ojos verdes, cabello rubio y dientes de conejo. Estaba en forma, caminaba con un saltito y algo en él me intrigaba. ¿Qué sabía yo acerca de estar intrigada a una edad tan temprana? ¿No acababa de aprender la lección de mi situación en Massachusetts? Terminamos yendo a la misma escuela y esperando en la esquina el mismo autobús. Con el paso del tiempo empezamos a hablar y a conectarnos. Me invitó a salir y le dije que sí, y a partir de ahí fuimos inseparables. No podíamos tener suficiente el uno del otro. Ahora que miro hacia atrás, ese primer sentimiento de novio es increíble; tan inocente y puro, sin mentiras, sin drama, sólo mucho amor puro el uno por el otro. No juzgamos los defectos de los demás; los aceptamos. Luego llegó el día en que se inscribió en el equipo de baloncesto de la escuela secundaria de Hialeah, *Miami Lakes*, y tuvo su primer juego en la calle, en el parque. Por supuesto, fui a apoyar y, aunque nunca fui una verdadera fanática de los deportes, simplemente tuve que sentarme.

Para mi sorpresa, cuando comenzó el juego y le dieron el balón, se convirtió en otra persona. Ese chico podía jugar y saltar. Era como el primer Michael Jordan en ese entonces; era muy bueno. Yo lo estaba mirando y sentí que una sensación de orgullo entró en todo mi ser. Estaba tan orgullosa; la multitud gritaba con cada disparo que hacía. Él corría en círculos alrededor de esos jóvenes. Desde ese primer juego que ganó con su equipo fue considerado el mejor jugador de la escuela. Se convirtió instantáneamente en una superestrella y yo estaba encantada de ser a mí a quien él amaba.

Para entonces mi madre y mis hermanos habían llegado a Miami, así que vivíamos juntos. Aquellos días fueron muy divertidos. Mi madre nos llevaba a *Miami Beach* todos los fines de semana. La playa era la vida. También teníamos la piscina en el complejo de apartamentos, en la que nos sumergimos todos los días, así que siempre estaba en el agua; el agua me da vida. Mientras nuestros padres trabajaban, recogíamos artículos de las casas de los demás y nos ocupamos de quién necesitaba qué. Todos nos convertimos en una familia instantánea; la vida era buena. Johnny y yo pensamos que estaríamos juntos para siempre, pero entonces llegó ese día en que me dijo que su madre se mudaría de regreso a Nueva Jersey. Mi corazón nunca había sentido tanto miedo. Ambos lloramos y tratamos de pensar en todas y cada una de las excusas o ideas de cómo podría quedarse en Florida, pero eso no sucedió. Recuerdo el día como si fuera ayer. Lloramos, nos besamos, hicimos promesas de permanecer siempre en la vida del otro, sin importar qué, y que sin importar lo que sucediera, nos encontraríamos de nuevo. Luego se fue. Esos días fueron un infierno absoluto. El anhelo en mi corazón de verlo subir, rebotando esa pelota de baloncesto, era demasiado. Lloré y lloré, y de nuevo sólo quería morir. Él me amaba, nunca me trató mal, me adoraba y siempre quería que me sintiera cómoda. Es lo que más recuerdo de Johnny. Él era mucho mayor mentalmente, ya venía con experiencia (si sabe a qué me refiero), pero en este punto, yo también.

Por suerte mi madre decidió enviarme a Nueva York durante el verano, para pasar tiempo con mis abuelos. Yo estaba muy emocionada, porque extrañaba a mi familia de Nueva York y a mis primos. Todos éramos tan unidos en ese entonces. Llegué y estaba viviendo con mis abuelos, que eran tan estrictos que nos vigilaban como halcones. Podíamos jugar en el patio, o cruzar la calle hasta la casa de amigos a quienes llamábamos "primos", porque sus padres eran igual de estrictos, y estábamos seguros en su casa.

Un día intenté llamar a Johnny para encontrarlo, o para tratar de averiguar dónde podría estar, ya que estaba tan cerca. Esa niña rebelde dentro de mí, la salvaje que no tenía miedo de nada, me susurraba al oído que fuera a buscarlo, así que eso fue lo que hice. Esperé hasta que todos se durmieron y salí a hurtadillas de la casa. Agarré el dinero que había estado ahorrando, porque mi abuelo nos daba dinero para comprar helado, pero yo me quedaba con el mío. Ya tenía un plan para ejecutar mi misión de encontrar a Johnny. He sido muy decidida desde joven, y una vez que mi mente estaba enfocada, no había nada que pudieran hacer o decir para cambiarla. El fuego dentro de mí para completar lo que me proponía hacer siempre fue fuerte. No puedo explicarlo. Por supuesto, ayuda el ser dotada de paciencia por DIOS. He aprendido que no importa lo que usted esté pasando, y que quiera controlar su situación, "¡NO LO PERMITA!" Tómelo rápido y déjelo ir. Continúe enfocado en su viaje, sin perder nunca de vista su visión, sus metas, sus sueños y sus deseos; sin importar la edad que tenga.

La noche que fui a mi misión para encontrar a Johnny salí de la casa, creo que tomé la Q10 hacia *Jamaica Parsons,* y luego me transferí en el tren E hasta la estación *Grand Central.* Tenía 15 años y estaba sola, rumbo a *Grand Central* sin dirección, sin número de teléfono, sin contacto, nada más que una determinación dentro de mí para encontrarlo. Llegué a la terminal, pregunté cómo llegar a Nueva Jersey, y me indicaron que encontrara el camino a la Autoridad Portuaria, y lo hice. Cuando llegué, era tarde. Perdí la última camioneta que se dirigía a Jersey esa noche, así que encontré un banco para dormir, porque la próxima camioneta no llegaría hasta la mañana. Recuerdo que un hombre, un conductor de autobús (tenía puesto el uniforme) se sentó a mi lado. Fue muy amable y me preguntó qué estaba haciendo allí y adónde iba. Le expliqué mi plan, pero no tenía ninguna información de contacto, así que me dijo que sabía de alguien con quien podía quedarme cuando llegara a Jersey. Era una mujer, así que la contacté por teléfono público cuando llegué al otro lado, y me dio su dirección.

No tenía licencia, no tenía celular. Tenía algo de dinero y estaba decidida. Terminé yendo a la casa de esta mujer que nunca había conocido antes. La casa estaba sucia, pero ella dijo que podía ducharme y tomar una siesta si quería. Decidí no hacerlo y, en cambio, le dije que tenía hambre. Ella me cocinó algo y me hizo sentir cómoda. Me explicó que el hombre (el conductor del autobús) volvería pronto de su turno, y que yo debería esperarlo.

Dije que estaba bien, pero entonces me invadió la sensación de que algo andaba mal. DIOS siempre buscaba la manera de hablarme para protegerme del peligro; y aunque no siempre escuchaba, ese día escuché. Agradecí a la mujer por toda su ayuda y le dije que tenía que irme. Ella estaba molesta, pero me dejó ir, y me dijo que me asegurara de que no regresara. Emprendí mi viaje. Caminé por cuadras. Sabía que su madre era camarera y trabajaba en un bar. Era muy conocida en Union City, así que estaba segura de que si mencionaba su nombre alguien la conocería. Tienda tras tienda, bar tras bar, entré en una biblioteca, en pequeños negocios, preguntando si sabían dónde estaba Gladys, y todos dijeron que no. Entonces sucedió un milagro, porque el Señor sabe que estaba cansada, hambrienta y con sueño. Entré a este bar y fue divertido, porque me dije a mí misma que este sería el último bar que vería y que luego daría la vuelta y me iría a casa.

Entré en la barra y, cuando miré, allí estaba ella detrás de la barra. Ella me miró con incredulidad y me preguntó qué estaba haciendo allí. Le dije que me había escapado a buscar a Johnny, porque sólo necesitaba encontrarlo. Le rogué que por favor no llamara a mi madre, quien todavía estaba en Florida, y que me dejara verlo. Ella pidió

dejar su turno y nos dirigimos a su casa.
Caminamos unas cuadras y ahí estaba la
casa. Subimos unos escalones empinados y
entramos. El pasillo estaba oscuro, y la casa
parecía ser una casa de tres familias. Era
muy vieja y todavía recuerdo el crujido del
piso de madera con cada paso que daba.

Luego abrió la puerta y entró en la sala de
estar, y le dijo en español: "¡Mira quién está
aquí!". Cuando entré a la habitación él
estaba sentado en el sofá, viendo la

televisión o jugando un juego, y
simplemente me miró con incredulidad;
estaba congelado. No asimiló durante unos
minutos que era yo. Luego se levantó de un
salto, gritó mi nombre, me agarró y me
levantó del suelo, y me dio el beso más
grande y el abrazo más fuerte; era como una
escena de una película (por cierto, tengo
muchas de esas, jajaja). Nos miramos el uno
al otro con tanta alegría y amor en nuestros
ojos; fue un momento inolvidable. Su madre
procedió a decirme que tenía que ponerse en
contacto con alguien, y le supliqué que no
quería volver. Le pregunté si podía estar con
ellos y ella dijo "NO", así que me dio el
único acuerdo que podía aceptar. Me
prometió que me dejaría pasar la noche y

pasar un rato con él, pero por la mañana se pondría en contacto con alguien para que viniera a buscarme, así que comencé a llorar y dije que estaba bien.

Johnny comenzó a llorar y a suplicarle a su madre que me dejara quedarme, pero sólo escuchó la misma respuesta. Dijo que volvería a trabajar y que si necesitábamos algo, podríamos llamarla. Estábamos solos en la casa y, por supuesto, usted sabe lo que pasó después. Estuvimos solos en la oscuridad, en su habitación durante horas, y cada uno de nosotros disfrutó del otro durante horas. Finalmente nos quedamos dormidos y recuerdo que me desperté y estaba oscuro. Lo desperté y le dije que me estaba muriendo de hambre, así que procedimos a vestirnos y caminamos a una pizzería, y comimos pizza con nudos de ajo. Él todavía no podía creer que yo había venido; se sintió más honrado con el hecho de que lo busqué, porque me dijo que realmente no se sentía tan importante. El resto de la noche fue feliz, llena de nada más que abrazos y besos, y tomados de la mano. Regresamos a su casa. Su madre estaba allí y me dijo que se había puesto en contacto con mi madre, quien se puso en contacto con mi padre, y la Policía del Estado vendría con él por la mañana para recogerme. Estaba aterrorizado, pero para él todos los problemas del mundo valían la pena. Esta sería la segunda relación seria en la que estaba, y ni siquiera tenía 15 años. Cuando amo, amo mucho. Simplemente nací así.

Lloré, lloramos, y nos prometimos mutuamente que no importaba qué pasara nos mantendremos en contacto. Mientras me escoltaban al vehículo y me iba, recuerdo que me di la vuelta y él todavía estaba parado en el porche de su casa, y pude verlo llorar, y nos despedimos con la mirada. Eso fue todo. Hasta el día de hoy, nunca lo volví a ver. La vida pasó. Conoció a alguien, tuvo hijos, se convirtieron en una familia, y yo me volví irrelevante. Esta fue otra situación en la que estaba buscando a papá en un chico que me dijo que me amaba, y yo le creí.

Hay una sensación de vacío en una niña pequeña, especialmente en una que ha tenido una relación con su padre y que le han quitado todo eso. Es muy importante para nuestras jóvenes tener una relación con su padre, ya sea que esté en la relación o no. No importa qué diferencias puedan tener los padres, DEBEN seguir siendo adultos por el bien de sus hijos. Las niñas necesitan la protección de papá; necesitan orientación y dirección. Si una niña no recibe todos estos importantes valores, pasará el resto de su vida buscando el amor de papá en los hombres. Tolerará el abuso, la negligencia y el maltrato, porque no creció equipada con la mentalidad de lo que es una relación saludable entre un hombre y una mujer. Si la niña experimentó que golpearan a mamá, lo más probable es que ella también lo permita. Si experimentó inconsistencias en el hogar, entonces se familiariza y se sentirá cómoda con sus relaciones inconsistentes, y con hombres tóxicos, no equipados para apoyarla emocionalmente.

Es como si lo atrajera a lo largo de su vida, porque eso es solamente lo que conocen su corazón, mente, cuerpo y alma. No podría ver una relación sana aun si la tuviera frente a su cara, porque no quiere eso. Quiere a ese hombre que muestra ira, celos y agresión, porque esos fueron los comportamientos claves que experimentó al crecer, y de lo que fue testigo en la relación de los adultos en su hogar. Lo que inculcamos en nuestras niñas comienza desde el momento en que son pequeñas. La forma en que el padre le habla a su madre, el tono de su voz, sus órdenes, la forma en que la abraza y le dice que la ama. Ese sentimiento es el primer sentimiento de amor de un hombre que ella recibirá en su vida, y sólo quiero desafiar a nuestra juventud a que se enfoquen verdaderamente en esta idea por un momento, antes de colocarse en una situación en la que posiblemente se encuentren trayendo un bebé a este mundo sin estar listos.

El Amor De Papá es importante, y si papá no está presente debido a circunstancias que no se lo permiten, entonces está bien; pero nuestro deber como mujeres es asegurarnos de encontrar el modelo a seguir adecuado, que intervendrá y hará el papel de papá, si vas a entrar en otra relación. Nuestras chicas están mirando; esto lo sé porque mis hijas observaron, y sé que cada una tiene un rasgo de debilidad por un hombre que heredaron a través de mí, al mirarme. Me duele y lo odio, y no puedo quitárselo. No puedo volver atrás en el tiempo. Sólo puedo darles mi consejo ahora que me doy cuenta. Tengo una perspectiva diferente, y respeto mucho más las opiniones de mis hijas cuando me están dando consejos, ahora que son mayores. Cuando usted se encuentra en esta situación, no se da cuenta de la importancia de a quién decide traer y sacar de la vida de sus hijos, y a medida que madura, mira hacia atrás y ve los errores. El asunto de aquí en adelante es qué usted ha aprendido de sus errores. Ahora tengo nietas y quiero asegurarme de que se rompa la maldición generacional de no tener un padre en el hogar, y de tener esos problemas de papá a lo largo de sus vidas. Quiero que mis nietas experimenten un "Amor De Papá" saludable, y oro para que todas las niñas a partir de este día tengan la oportunidad de experimentar el "Amor De Papá".

AFIRMACIÓN

Recuerda que el Amor de nuestro Padre Celestial no tiene precio. Él te ama más de lo que jamás sabrás.

_____

_____

_____

_____

_____

_____

_____

_____

_____

_____

_____

_____

_____

_____

REFLEXIONES

El mayor regalo de amor que usted puede
dar es el amor propio. ¿Cómo ha nutrido su
auto cuidado individual? ¿Ha cavado
profundamente en esas heridas que todavía
le atormentan y ha comenzado a nutrirlas?
Si no es así, escriba los pasos que puede
seguir para comenzar este viaje hacia su
sanidad.

_____

_____

_____

_____

_____

_____

_____

_____

_____

_____

_____

CAPITULO SEIS

Encuentre Su Voz

Llega un momento en su vida en el que usted finalmente se cansa de estar tranquilo, cuando su alma está muy pesada y siente que no puede respirar, porque cada respiración es una lucha. Cuando se aferra a sus opiniones, a sus consejos, cuando usted deja de defenderse como persona. En el caso de las mujeres, nuestros principales deseos no deben estar en los deseos mundanos, sino en encontrar nuestro propio espacio y nuestro propio propósito en este lugar. Hubo momentos en que DIOS le permitió ir a lugares que fueron dolorosos, algún lugar que le hundió en la nada, en el desierto de la ira, los celos, el resentimiento y la soledad. Podrá estar en un entorno donde su voz no importará, o en una relación que le quitará la voz por causa del miedo; pero sólo sepa que no importa lo que la vida le haya presentado, usted encontrará su voz, porque DIOS se encargará de ello.

Usted puede retrasar sus bendiciones; puede elegir no caminar con un propósito, pero DIOS se asegurará de que Él reciba la gloria al final de todo, a través de su testimonio. ¿Ha estado en una situación o en una lucha durante mucho tiempo? ¿Ha llorado y se ha aferrado a ese dolor, a esa ira, a esa confusión? ¿Ha estado perseverando en este viaje en su vida, con una profunda esperanza y con el deseo de que DIOS le abra un camino? ¿Sabía que ha estado en labor de parto durante años aferrándose a ese empujón en su vida para que DIOS pueda llevarle a su propósito? Algunos de nosotros nos hemos aferrado a esas contracciones durante años, sin querer impulsar lo que sea que estamos dando a luz. Ese negocio, esa idea, esa creatividad única dentro de usted que se ha albergado durante años, porque sólo se ha concentrado en trabajar y obtener ese cheque de pago y, en consecuencia, ha sido succionado por esa puerta giratoria del sistema corporativo.

Cada uno de nosotros nació con un don para ayudar a otros, y DIOS nos paga con nuestra Vida. Cada día que se le concede es otra oportunidad que DIOS le está dando para hacer una diferencia, sacar nuestra Grandeza y permitir que DIOS nos atraiga hacia nuestra Grandeza. DIOS arrebatará sus talentos para que el enemigo no continúe corrompiendo lo que Él le ha dado, hasta que usted se dé cuenta de que siempre tenía los ojos puestos en las cosas equivocadas. Es hora de que todos nosotros (en especial las mujeres) comencemos a sacar nuestros dones que nutren a este mundo. Mi esposo me preguntó anoche:

"¿Qué está pasando con este ataque hacia las mujeres hoy, siendo secuestradas, tanto las jóvenes como las ancianas?"

Le expliqué que las mujeres han encontrado sus voces; están de pie, ya no permanecen calladas, ya no son menospreciadas, subestimadas y devaluadas a los ojos de la sociedad, en nuestros gobiernos, en nuestras escuelas, en nuestras comunidades e incluso en nuestros propios hogares. El enemigo está atacando a nuestras niñas. Está destruyendo el único recipiente que DIOS creó con la posibilidad de traer vida: una Mujer. En mi opinión, el enemigo teme el surgimiento de Mujeres, porque el enemigo sabe que nutriremos y curaremos esta Tierra, una persona, una ciudad, un estado, una nación a la vez. Quiero que mire profundamente en su interior, que sienta su corazón y sepa quién es. Le desafío a encontrar su voz.

AFIRMACIÓN

Hay más para ti de lo que sabes. Conoce quién eres.

_____

_____

_____

_____

_____

_____

_____

_____

_____

_____

_____

_____

_____

REFLEXIONES

Cuando encontré mi voz fue cuando Dios me empujó al frente de batalla. Ya no estaba detrás de escena, y fue en el año 2019. ¿Cuándo descubrió usted su voz y cómo se sintió?

¿Recuerda el año en el que dijo que sí a la voluntad de Dios, y Él le reveló Su propósito a través de **Conexiones Divinas?**

Recuerde que mientras trate de tener el control de su vida su ego no le dejará rendirse, y Dios permite que la situación le quiebre un poco para que se rinda a Su voluntad. ¿Cómo y qué le está rindiendo a Él?

_____

_____

_____

_____

_____

_____

_____

CAPÍTULO SIETE

Nota Para Su Yo Más Joven

Quiero que miré profundamente dentro de usted misma y aproveche esas profundas heridas, esos lamentos a los que puede estar aferrándose, y que no le permiten convertirse en su mejor yo. Para seguir adelante debe dejar atrás el pasado. Debe perdonarse por cualquier error que haya cometido y darse cuenta de que fue sólo para enseñarle algo. Sin cometer errores, nunca aprenderemos qué está bien o qué está mal; qué permitiremos en nuestras vidas y qué no. Deje de lado ese diálogo interno negativo, convenciéndome de que no es suficiente; que no es lo suficientemente bonita, lo suficientemente delgada, lo suficientemente inteligente.

Sé que ha sido bellamente creada y que es perfecta tal como es. Mírese realmente a usted misma; no el exterior, pero mire lo más profundo de su corazón. ¿No es hermoso? La forma en que su corazón llora por el mundo, la forma en que se preocupa por la gente, por sus hermanos, por su familia, sus padres, todo es Amor. No deje que este mundo cambie su corazón; no permita que las experiencias de la vida cambien su actitud hacia las situaciones, porque pueden llevarlo a la depresión. No permita que el enemigo tenga tanto control sobre su mente, al punto que ya no sepa quién es. Sólo debe saber que estará bien. Entonces, les pido que escriban una nota. Esta fue una tarea que me asignó mi

Partera de Propósito, la Dra. Jackie Phillips, y fue un ejercicio que realmente cambió mi vida.

Reconocí que había sido mi peor enemiga con la forma en que pensaba de mí misma. Quiero que pruebe este ejercicio, para que pueda liberarse de lo que le ha mantenido cautiva, para que realmente pueda vivir su mejor vida sin más remordimientos. ¡Inténtelo! Lo siguiente es lo que me escribí a mí misma. Espero que lo disfruten.

Niña, tómate un momento para ser sólo una niña. Sé que la vida ha sido muy dura para ti, y que te han asignado tantas responsabilidades, pero aún eres un niña. A los 13 años debes estar afuera, jugando con tus amigos, haciendo tu tarea después de la escuela y tomando siestas. Sé que debe ser muy difícil ser la mayor, y tener que cuidar a tus hermanos menores ha sido muy tedioso, pero espera. Niña, "Tú" deberías contarle a tu madre sobre tu tío y el juego que solía jugar cuando eras más joven; te hará sentir mejor. También debes hacerle saber a tu madre que estás enojada, que no es tu responsabilidad cuidar de sus hijos, porque ella decidió dejar su matrimonio. Ella debería haber descubierto todo esto. Sé que te gritan mucho y te sientes inútil y sin importancia para todos los que te rodean, pero debes saber que eres amada.

Niñita, "Por favor" deja en paz a esos chicos que te dicen que eres bonita; sólo buscan una cosa. Niña, cuando decidiste decirle que sí a ese hombre, y al mentirle sobre tu edad, te pusiste en un tremendo peligro. Nunca ocultes nada a tu madre; ella te ama y sólo está tratando de brindarte una buena vida. También sé que extrañas profundamente a tu padre; eras una niña de papá y él era tu mundo. Sé que extrañas ese amor de un hombre, pero sé que nunca obtendrás el amor de un padre de ningún hombre. ¿Qué sabes sobre el amor a los 13 años? Lo que has visto en televisión no es real; es todo una fantasía. No sabrás qué es el amor hasta que hayas experimentado algunas cosas en la vida, y te hayas completado dentro de ti. Niña, por favor no invites a ese hombre. No quiere ver televisión o pasar el rato; quiere más. Por favor, escúchame: ¡no lo hagas!

Niña, lamento mucho que te haya pasado esto, que él se aprovechara de tu confusión a tu edad. Lamento el dolor físico que te infligió, y las cosas que dijo y susurró en tu oído. Lamento que no te amara lo suficiente como para al menos decir que lo sentía, sino que te dejó allí para limpiar el desastre. Cuando te metiste en la ducha para tratar de limpiar la vergüenza, niñita, quiero que sepas que no fue tu culpa. Por favor, no creas que te lo merecías ni un poquito.

Niña, sé que no puedes aguantar más la vergüenza, pero debes saber que esto también pasará. Volverás a sonreír y, aunque nadie se dé cuenta de que todavía estás aquí, no eres invisible. Me duele el corazón por ti, pequeña. Cuando escuché que decidiste terminar con tu vida, eso me dolió. El tiempo que tardaste en escribir una carta de amor a tus hermanos, dejándoles tus pertenencias, porque incluso al final siempre pensabas en ellos, no en ti. Mientras estabas sentada esperando a que tu madre se durmiera, con lágrimas en los ojos, porque sentías que no había otra salida, lloré por ti, te grité que te detuvieras. Cuando abriste ese botiquín, destapaste cada frasco y tomaste todas esas píldoras, oré para que vomitaras, pero conozco tu determinación y sé que sólo querías que esto terminara. Lo siento. Mientras yacías flácida a la mañana siguiente, y cuando descubrieron que tu cuerpo, casi sin vida, echaba espuma por la boca, lloré no sólo por ti, sino también por tus hermanos.

Mientras te llevan de emergencia al Hospital Memorial de Boston en helicóptero, mientras te electrocutaban una y otra vez sin un latido, oré por ti. Mientras ibas a ese hermoso lugar con la luz brillante y esa paz abrumadora, oré para que regresaras. Niñita, por favor créeme a esa voz que escuchaste que te dijo: "No es tu hora", porque realmente no lo era. Y cuando sentiste que tu cuerpo caía como a un pozo vacío y sin fondo, quiero que sepas que cuando regresaste a mí, este no fue el final de tus problemas, sino el comienzo de tu relación con DIOS, porque Él te ama y yo te amo, y sé que todo estará bien.

"Tu Dolor se convertirá en tu Propósito".

Usted no está sola; sepa que hay otra mujer que está y ha pasado por la misma falta de respeto y abuso por el que usted está pasando, y usted sobrevivirá. Recuerdo el miedo en mi corazón cuando fui amenazada, cuando me dijo que me mataría si alguna vez pensaba en dejarlo, pero sé que por cada ataque verbal, DIOS le está diciendo ahora mismo que nada que se forme contra usted prosperará. Aunque me dieron la opción, me quedé por mis hijos y por mi seguridad. No quería salir de mi casa cuando él era el que necesitaba irse.

Llega un momento en que debemos dar un salto de fe y confiar en DIOS. Si esa puerta de oportunidad se abre, entre por ella; no ponga sus preocupaciones en lo que está dejando atrás, sino ponga todas sus preocupaciones en el futuro que DIOS tiene reservado para usted. No le estoy diciendo que vaya a casa y se meta en un problema. Se lo estoy diciendo ahora mismo, incluso en medio de su tormenta, "¡Usted es poderosa!" Tiene un DIOS poderoso detrás de usted que le protegerá en cada paso del camino.

Recuerdo que me golpeaba y luego me decían que me amaba. Se volvió tan constante que se convirtió en una parte normal de mi vida diaria. Es decir, yo todavía lo amaba. Me sabía todas las excusas: tenía algunos problemas dentro de él y no lo decía en serio; tenía una adicción al abuso de sustancias; fue golpeado cuando era niño; su padre era abusador con su madre, así que eso es lo que él vio antes de conocerme; era un hombre destrozado. Pero no hay excusa. ¡Ninguna!

Cuando decidí dejar de poner excusas frente a lo que me estaba pasando, y antepuse mi valor y autoestima a mi circunstancia, todo quedó claro. Sabía que no merecía este tipo de trato. Yo era una buena mujer con hijas que no merecían ver a mamá llorando todo el tiempo, o no querer nunca salir en verano porque su ropa le mostraba moretones al mundo, porque él sólo elegía partes del cuerpo que estaban ocultas por la ropa. Cuando me di cuenta de que usaba mi miedo como mi debilidad, y que de hecho él era el eslabón más débil, comencé a recuperar mi fuerza.

Empecé a hablar de la victoria en mi situación. Comencé a hablar con él sobre las consecuencias de sus acciones, porque pudo haber ocultado su abuso a amigos y familiares, pero nunca podría haberlo ocultado a DIOS. Recuerdo el día en que me golpeó y llegué al punto en que ya no me dolía; era como si DIOS hubiera quitado todo el dolor, y sólo me hubiera sostenido en sus brazos con su protección, hasta que terminó, y lo miré y le dije:

"¿Sabes que soy hija de DIOS, y cada golpe que me has dado está escrito en el libro de la Vida, y tendrás que responderle a DIOS algún día? Puede que hayas quebrantado mi espíritu, pero nunca tendrás mi alma, porque pertenece a JESÚS, y él tendrá la última palabra en esta relación".

Lo miré a los ojos y le dije que oraría por él, porque lo que me había hecho nunca podría retirarlo, y a partir de ese día tendría que responder a DIOS. Vi miedo en sus ojos; fue como si algo le hubiera despertado, algo de sentido común. Como si yo hubiera plantado una semilla de verdad en su espíritu y DIOS le hablara a través de mí, porque yo ya no tenía miedo. Me defendí con LA VERDAD DE DIOS.

Finalmente encontré la fuerza para dejar a mi abusador, el padre de mi hija menor, y luego vi a este hombre vivir una vida difícil. Fue despojado de tanto; perdió su trabajo, sus amigos, su única hija, perdió a su familia y al final se quedó sin hogar. Oré por él, aprendí a perdonarlo para liberarme, pero al final DIOS tuvo la última palabra. Toda la oración del mundo no pudo cambiar lo que estaba destinado a su vida. Recibí una llamada el 12 de febrero de 2016, que el hombre que me había colocado en el hospital cinco veces estaba ahora en el hospital con soporte vital. Llevé a mi hija a ver a su padre, y se sentó a su lado durante una semana entera, antes de que los médicos le dijeran que no podían hacer nada más. Tomé mi aceite de la unción, fui a ese hospital y lo ungí con aceite. Oré para que DIOS lo recibiera. Y le susurré al oído que lo había perdonado por cada dolor infligido y por cada lágrima que me hizo derramar. Tuve que liberarme de él y hoy soy libre.

Esa era mi situación. Puede que ahora no sea su momento para usted salir, ¡pero estoy aquí para decirle que es una Superviviente! Ahora debe abogar por tantas otras mujeres que no han salido de esta oscuridad; debe animar a la mujer que aún no ha encontrado su voz. Es nuestra obligación hablar de este tema con las jóvenes de esta generación. Hemos perdido a muchas por la violencia a manos de los hombres que les dijeron que las amaban. Deben saber que desde el primer golpe, no está bien; deben tener cuidado y darse cuenta de que ya están en peligro. Creo que DIOS me permitió atravesar esa tormenta, y luego me abrió una salida para que pueda usarla como mi asignación, para salir y ministrar a otras mujeres para que puedan encontrar la fuerza para dejar su situación o relación, y encontrar refugio y protección.

Oro para que los miembros de su familia le brinden apoyo y aliento, y dejen el juicio y las opiniones para ellos mismos, porque realmente no ayudan. Quiero dejarle con el aliento de que usted también es una sobreviviente, incluso en su momento actual, y oro para que encuentre la fuerza interior para finalmente decir que ya es suficiente; usted vale mucho más. Mire dentro y encuentre su Poder; invoque a Jesús y mírelo mover montañas.

Aquí hay algunas cosas para recordar:

La vida es un verbo y hacemos lo mejor que podemos. Estudiemos los hábitos que promueven nuestro gozo, nuestro éxito y nuestros talentos. Todo el mundo quiere triunfar; la pregunta que debe hacerse es cuál es su versión del éxito. Continúe haciéndote esa pregunta y la respuesta puede cambiar con el tiempo, pero sea cual sea la respuesta, no ponga en peligro su alma. Debe mantener el cuidado de su alma y definir su propio concepto individual de éxito Definirse a sí mismo por lo que no es será lo peor que pueda hacer. Nunca se compare con las personas a su alrededor, porque nunca sabe del dolor, sufrimiento o sacrificios que esas personas tuvieron que soportar para llegar a donde están. E incluso si parece que están viviendo una vida grandiosa, entienda que aún pueden ser infelices, y tener problemas sin resolver dentro de ellas.Deshágase del tiempo perdido disminuya las cosas que le detienen. Llegar a saber quién es usted es difícil. Establezca obligaciones voluntarias, las que realice con usted mismo. No son leyes ni expectativas para nadie más que para usted. Nadie le gobierna excepto usted; estas son las expectativas que ha puesto en su vida para usted, así que sea su mayor fan, y sepa que es su responsabilidad.

La carrera nunca termina y nunca llegaremos al mismo tiempo. El primero que llega a la meta no es mejor que el que terminó último; la cuestión es que usted llegue allí sin importar cuánto tiempo tarde.Nunca se dé por vencido, nunca dude sus habilidades ni pon ga una línea de tiempo en sus logros. Se librará de los sentimientos de fracaso. Los fracasos son lecciones aprendidas. Necesita fallar para aprender de sus errores, para poder mejorar en lo que hace. Se necesitan algunos errores para perfeccionar aquello por lo que se esfuerza. Los errores están bien y son necesarios para que pueda comprender mejor cómo navegar por la vida.

AFIRMACIÓN

_____

_____

_____

_____

_____

_____

_____

_____

_____

_____

_____

_____

_____

_____

_____

Las Afirmaciones son pequeños
recordatorios de que usted es importante

REFLEXIONES

"Tu Dolor se convertirá en tu Propósito".
¿Qué significa esta afirmación para ti?

_____

_____

_____

_____

_____

_____

_____

_____

_____

_____

_____

_____

CAPÍTULO OCHO

Encarcelamiento

¿Alguna vez se ha sentado y ha mirado cada conexión que ha llegado a su vida, y ha pensado: "Wow, soy realmente bendecido"? No me refiero sólo a sus conexiones actuales, sino a las del pasado. Sólo trate de recordar cada conexión que haya experimentado, y que todo fue divino, incluso si fue durante cinco minutos. Muchas de nuestras conexiones nos enseñaron cosas a lo largo del camino; cada encuentro es para una lección, sea buena o mala. Algunos dejan emociones temporales y otros dejan recuerdos duraderos, que literalmente dan forma a la persona en la que uno se convierte después de la experiencia.

Recuerdo el verano de 1993. Mi segunda hija tenía sólo tres meses. Vivía en Miramar, Miami, con el padre de mis hijas y con nuestra hija mayor, Cassandra. Recibí una llamada de mi segunda hermana menor, diciéndome que había llegado a casa después de la escuela, y que encontró una nota en la mesa de la cocina que decía que me llamaran para ir a comprar alimentos. No pensé nada extraño de eso; tal vez habían llamado a mi mamá a trabajar y simplemente no tuvo tiempo. Preparé a las niñas, conduje hasta Hialeah, donde vivían mi madre y mis dos hermanos menores, fui a hacer la compra, acomodé a los niños y volví a casa. Por la mañana llamé a la casa para hablar con mami y me dijeron que ella nunca había regresado. Yo no lo podía creer. La llamé al móvil sin obtener respuesta, y pasó un día entero sin saber nada de mami. Llamé a nuestra familia en Nueva York. Llamé a papá, para ver si alguien había sabido de ella, pero nada.

Pasaron unos días y fue entonces cuando decidí llamar a la policía. Llegaron a la casa y tomaron un informe policial. Sin ninguna llamada ni contacto después de una semana, el informe de la persona desaparecida se convirtió en un rescate. Recuerdo que la policía me dijo que registraron los canales o ríos de la zona. Buscaron detrás del Aeropuerto Internacional de Miami. Había un lago a la vuelta de la esquina de nuestra casa en el que buscaron; incluso buscaron en contenedores de basura. Para ser honesta, todo era como un nubarrón en aquellos días en que mi mamá no estaba. Se sintió como si lo estuviéramos viendo en un programa de televisión policiaco, o en la serie 48 horas, pero nunca imaginaría vivir una experiencia así.

Un día mi hermanita me dijo que un detective me había dejado su número para que lo llamara, y que habían encontrado a mi madre. Necesitaba conducir hasta el hospital del centro de Miami para identificar a mi madre. Todo el camino hacia allá fue como en cámara lenta; mi corazón latía a mil por hora. Quería ir pero, de nuevo, no sabía lo que estaba a punto de enfrentar. Me convencí de que estaba literalmente en camino de identificar a mi madre en una morgue. Me estaba animando a enfrentar esto como hija mayor, pensando en cómo les diría a mis hermanos menores que su madre estaba muerta, que la mujer que los tenía en los proyectos se había ido y ahora tendrían que vivir conmigo, o separarse. Manejé hasta el hospital y subí a la habitación designada que me dieron. Cuando entré, vi a mi madre esposada a una cama. Ella parecía un absoluto infierno. Los médicos y la policía salieron de la habitación para informarme que mi madre había viajado desde Bogotá, Colombia, con sesenta bolsas de heroína en el estómago. Fue utilizada como mula para transportar drogas a los EE. UU.

El hombre que la incitó a irse de vacaciones era de hecho un traficante de drogas que la usó. Ella era vulnerable, inocente, una madre trabajadora de cuatro hijos, que trabajaba en dos trabajos, sólo tratando de brindarles una buena vida a sus hijos. Al parecer fue torturada, golpeada y amenazada, que si no transportaba estas drogas nunca volvería a ver a sus hijos, por lo que aprovechó la oportunidad para regresar a su casa en Miami. En el vuelo de regreso, una de las bolsas se rompió y ella se enfermó. La aerolínea reportó una actividad sospechosa y, cuando el avión aterrizó, la policía ya la estaba esperando. Fue directamente al hospital desde el aeropuerto. La miré y le dije que la amaba, que todo estaría bien. Uno de los detectives me hizo a un lado y me dijo que tenía dos días para limpiar el apartamento de mi madre y sacar a mis hermanos del estado. Yo estaba confundida. Tenía diecinueve años y acababa de tener a mi segunda hija. Estaba tratando de resolver mi vida viviendo con el padre de mis hijas y esto era demasiado para soportarlo.

Llamé a mi familia en Nueva York y les conté lo que había sucedido. Mi hermana menor ya vivía en Nueva York, con mis abuelos. La habían enviado un año antes, por estar afiliada a la pandilla local y por haber estado en el Centro de Detención Juvenil. Eso fue suficiente para mi mamá, así que la envió. Fui a la casa y les dije a mi hermana y hermano que tenían que agarrar lo que pudieran, cualquier cosa que significaba algo para ellos, y que debían empacarlo, porque se dirigían en el próximo avión a Nueva York, a casa de mi padre. Fui donde la vecina de al lado y donde algunos de sus amigos que vivían en el complejo y les dije que mamá nunca volvería. Les hice saber que podían entrar al apartamento y tomar lo que quisieran. Empaqué fotos de mi madre, papeles importantes, joyas. Vendí su auto por $200 dólares al vecino. Todo ese fin de semana fue un puro caos, ya que traté de hacer lo que me dijeron, porque mamá tenía que estar en la corte el lunes por la mañana.

Hicimos magia con todo eso entre mis amigos y mis hermanos. Ellos eran pequeños (de once y trece años) pero actuaron con madurez, dejaron de lado los sentimientos y se "empantalonaron".

Supongo que todos tuvimos que madurar temprano. Aprendimos a adaptarnos a nuestro entorno y comprendimos que la vida siempre cambiaba, así que ellos aprendieron a ir con la corriente. Hicimos lo mejor que pudimos y el lunes por la mañana me acerqué a la oficina de arrendamiento y entregué las llaves del apartamento de mi madre. Le expliqué que podían vaciar el apartamento, porque nunca volverían a ver a mi madre, y ahí quedó todo. Ese lunes conduje hasta el juzgado, donde ella iba a ser procesada, y sólo recuerdo a mi madre saliendo por esa puerta con grilletes en las piernas y las manos. Les grité que se los quitaran. Se veía tan rota, tan pálida, tan perdida y confundida. Mi madre nunca en su vida había hecho algo así. Ahora que miro hacia atrás, ella tenía poco más de 40 años. Sé lo que es ser una madre soltera, que busca el amor en los lugares equivocados, para ser aprovechada por un hombre que te dice mentiras para conseguir lo que quiere. Cuando miro hacia atrás a esta situación, la considero una Intervención Divina. Recuerdo que la jueza explicó sus cargos y, mientras escuchaba, en mi cabeza seguía pensando que tenían a la persona equivocada; ésta no podía ser mi madre, porque nunca haría algo de esa magnitud. Pero cuando ella respondió "Sí" a los cargos, me di cuenta de que había tomado una decisión que ninguna madre debería haber tenido que tomar: morir en Colombia o arriesgarse y subirse a ese avión para poder terminar este trabajo, y volver a ver a sus hijos. ¿Qué habría hecho usted?

Pasaron varios meses y yo la visitaba en un centro de detención, hasta que fue sentenciada y transportada a su lugar de encarcelamiento permanente, para terminar su tiempo. Recuerdo el día de su sentencia. Cuando el juez dijo: "Diez años", mi corazón dio un vuelco.

"Nooo, ¿qué quiere decir?", grité.

Me acerqué al defensor público y le pregunté cómo se le podía haber dado tanto tiempo, si ella les daba toda la información que necesitaban. Pero al final del día ella había completado su tarea así que, ante los ojos de ellos, mi madre todavía era culpable. Meses después la transportaron a aproximadamente una hora de Miami y comencé mi nueva etapa, visitando a mi madre en una prisión federal todos los fines de semana. Yo era la única que quedaba en Miami, ya que todos mis hermanos estaban en Nueva York, en un nuevo territorio y tratando de acostumbrarse a su nueva vida. Ni siquiera puedo imaginar lo que pasaron, ya que esta vez yo no estaba allí como hermana mayor para protegerlos, y para proteger sus corazones de que se rompieran. No podía dejar a mami, porque ella me necesitaba; ella necesitaba a alguien. Necesitaba saber que yo no la juzgaba en absoluto.

Por supuesto, la familia tenía mucho que decir. Fue el escándalo familiar más grande de la década. Mis abuelos estaban avergonzados, todos sus hermanos tenían diferentes puntos de vista, pero ninguna persona realmente nos sentó como sus hijos y nos preguntó cómo estábamos sintiéndonos, o manejando las cosas. Todos estábamos solos, lidiando con nuestras propias experiencias de vida individualmente, pero durante todos los años que mamá estuvo encarcelada DIOS nos sostuvo y nos mantuvo a salvo. Él siempre ha estado ahí, llevándonos por el camino.

Incluso en la vida tóxica que nos fue entregada, todavía sonreímos, todavía amamos, todavía tratamos de ayudar y nutrir a otros. Simplemente nos fue inculcado de forma natural.

Recuerdo la primera vez que entré en esa prisión, atravesando detectores de metales, con guardias que me decían que esperara allí. No podía pasar con los bultos de bebé de mis hijas adentro. Sólo se me permitía tomar un pañal, toallitas húmedas y un biberón. Nuestras visitas fueron agridulces. Amaba y disfrutaba nuestro tiempo juntas, pero cuando llegaba el momento de irme, siempre lloraba. Odiaba dejar a mi madre allí; me rompía el corazón cada vez. La forma en que los guardias trataban a todos era como si todos fuéramos delincuentes convictos. Odiaba estar ahí. Visitar a mi madre en la cárcel es la razón por la que prometí no hacer nada que me llevara a terminar en una de esas instalaciones.

Dos años después de su sentencia, mi relación con el padre de mis hijas estaba declinando. Yo estaba viviendo mi propio infierno de tráfico de drogas, con el equipo Swat visitando mi casa al menos una vez al mes. Estaba cansada de esa vida que estaba carcomiendo mi alma. Tenía sólo diecinueve años y tenía a mi segunda hija viviendo en un vecindario infestado de drogas, a principios de los noventa, en Miami, Florida. Un día alguien tocó la puerta y, cuando la abrí, un rifle me apuntó a la cara. Al otro lado de la calle pude ver más tiradores adiestrados en los techos de las casas. Mis bebés estaban en sus habitaciones viendo la televisión, así que le informé al oficial que mis hijas estaban en la habitación. Fuimos escoltadas al coche de la policía, mientras saqueaban mi apartamento. Mientras estaba sentada con mis hijas, en la parte trasera del auto de la policía, el oficial se dio la vuelta y me dijo algo que nunca olvidaré:

"Si alguna vez encuentran alguna droga en tu casa, se llevarán a tus hijas y nunca las volverás a ver. Irás a la cárcel".

Esas palabras enviaron fuego por mi columna vertebral; toda mi vida pasó ante mis ojos y fue entonces cuando tomé la decisión de irme. Sólo puedo dar Gracias a Dios porque nunca encontraron nada, y yo sabía que había kilos en el departamento.

Visité a mi madre y le conté mis planes de irme, no sólo de la relación, sino de Miami. Significaba que ella estaría sola el resto de su sentencia, y lo entendió. Ella estaba tan preocupada por mí y por mis hijas. Incluso en el caos, DIOS resuelve las cosas por el bien de todos. Mi madre se sacrificó para salvar la vida de sus cuatro hijos. Realmente creo que si todos nos hubiéramos quedado solos en Miami, sin la supervisión de los padres, nuestras vidas hubieran sido muy diferentes. Experimentamos una muerte tras otra de nuestros amigos de la infancia, que fallecieron por sobredosis o por enfermedades mentales. Miami no es lo que solía ser, y realmente creo que DIOS nos sacó a todos del mismo lugar que destruyó la vida de mi madre, sólo para poder salvarnos.

A veces es necesario no mirar la situación actual pensando que lo es todo; sólo sepa que hay un proceso que debemos atravesar para alcanzar nuestro mayor yo, y siempre nos estamos transformando, siempre estamos creciendo o experimentando algo que nos está enseñando y preparando para nuestro próximo viaje en la vida. Piénselo. Piense realmente en todo lo que ha pasado y en cómo todavía está aquí para hablar de ello. Usemos estas experiencias para ayudar a sanar a otros, para que ellos también puedan salir adelante. Nuestras historias son nuestra curación, y se convierten en la curación de otro, así que nunca ignore su historia, ¡porque es importante!

Simplemente oró para que haya encontrado la fuerza dentro de sí para estar orgulloso de su historia, sin importar cuán mala, hiriente o vergonzosa haya sido. Eso le ha convertido en la mujer increíble que es hoy. Sepa que ya no es esa persona; es más grande y mejor por ayudar a otro a salir de su oscuridad.

Quiero que sepa que le amo, con todos y cada uno de los defectos. Además, amo la grandeza en usted que quizás no ve en sí misma. Espero que mi transparencia le dé el valor para soltar la máscara que puede haber estado usando durante mucho tiempo, y simplemente que a esa mariposa dentro de usted, a esa hija de Dios que ha estado esperando, le permite volar y ayudar a sanar nuestro mundo. Mi esperanza es que usted acepte el propósito dentro de sí. Que continúe abrazando el viaje y que se divierta en el camino. Realmente esta es una vida hermosa para vivir, aun cuando es temporal.

1994: Visitando a mi Mami

REFLEXIONES

¿Se siente atrapado? Algunos son prisioneros de su pasado y tal vez de su presente. ¿Está dispuesto a enfrentar su pasado, su presente, o su temor, y a dejarlo ir para poder avanzar en su

Caminar Espiritual?

_____

_____

_____

_____

_____

_____

_____

_____

_____

_____

_____

_____

CONCLUSIÓN

Gracias por hacer este viaje conmigo. Al reflexionar sobre mi viaje, me di cuenta de que cada parte del mismo era necesaria para transformarse en la persona que soy hoy. Como padres, Dios nos ha usado como vasijas para dar a luz a nuestros hijos. El resto de la transformación queda para que el niño avance hacia su propósito.

A todos mis lectores que son padres, recuerden inculcar en sus hijos el amor y el deseo por Cristo; sin eso perecerán. Recuerde que sus hijos imitarán sus comportamientos, sus decisiones, su moral, su respeto, etc. Usted es su primer maestro. Los niños se forman y se desarrollan en el hogar, pero son influenciados por el mundo. Es su responsabilidad equiparlos completamente para salir a este mundo agonizante, lo suficientemente fuerte como para caminar a través de él. Si tiene hijos y cometió errores en el camino, está bien. Nunca es demasiado tarde para arreglarlos. Recuerde: Jesús es un restaurador. Todo lo que necesita hacer es pedirle que intervenga en su situación, y que ayude a sanar y restaurar. Es así de simple. Puede empezar de nuevo y empezar a tomar mejores decisiones. No importa que sus hijos sean mayores; ellos todavía lo están mirando y seguirán mirándolo a medida que envejecen. Recuerde que en la misma medida en que DIOS exige que perdonemos a los demás, también quiere que aprendamos a perdonarnos a nosotros mismos, para poder seguir adelante y no estar más esclavizados por los errores y decisiones pasadas.

Querida Mami,

Quiero que sepas que no necesitas tener remordimientos en tu corazón porque sientes que no estuviste allí para protegerme a través de estas experiencias. Quiero que sepas que si no fuera por estas experiencias no sería la mujer que soy hoy, así que gracias por esos momentos en los que no sabía lo que DIOS ya había ordenado en mi vida. Todo sucedió de la manera que debía pasar, para poder aprender y tener esta relación increíble con Jesús que tengo en este momento, para el momento más importante de mi vida. DIOS me necesita para ayudar a luchar contra el mismo enemigo que ha estado tratando de matar a tu pequeña niña desde el día en que nací, así que olvida todo eso. Quiero que el resto de tus días estés en paz. Todos tus hijos resultaron ser personas increíbles. DIOS se aseguró de ello. Gracias, Mayra Madeira (Mami).

A mis hijas y a la mujer que está leyendo este libro:

Sepan que son dignas de las mayores riquezas de DIOS. Sólo sepan que esas riquezas tal vez no las vean aquí en la tierra. Nuestras riquezas están en el cielo. Aprendan a cambiar su perspectiva de lo que es ser rico de verdad, o nunca estarán satisfechas y seguirán buscando algo que quizás nunca recibirán realmente. Sepan que esta caminata no es fácil. Nunca lo será. Pero puede ser más fácil si confían un poco más en quién está detrás de usted y Su nombre es JESÚS. Quiero que sepan que son amadas, y tan bellamente creadas, tal como son. Nunca permitan que este mundo les imponga su propia ilusión, creada por el enemigo, de lo que es la belleza. La belleza está dentro de ustedes, y es hora de que le permitan a DIOS proyectar su belleza interior, para que todo el mundo la vea. Que DIOS continúe ben diciéndoles a ustedes, su viaje, y que acepten cada momento de su vida como si fuera otro trampolín hacia la más grandiosa versión de ustedes mismas.

Con amor, Miosotys Santiago

ACERCA DE LA AUTORA

Miosotys Santiago es la fundadora y directora ejecutiva de *"Exemplify to Edify, "* (Ejemplificar para Edificar) LLC, una organización de empoderamiento de la mujer que se fundó en enero de 2019. Es una oradora inspiradora y su declaración de misión es *"Tu dolor se convierte en tu propósito".* Miosotys es una sobreviviente de abuso sexual infantil, violación adolescente, intento de suicidio adolescente, embarazo adolescente, y era una adolescente que tuvo que soportar el encarcelamiento de su madre cuando tenía diecinueve años. También es sobreviviente de violencia doméstica y de los ataques al *World Trade Center* (Centro Mundial del Comercio) en Septiembre de 2001. Es anfitriona de talleres de autocuidado para adolescentes y mujeres, para el autodesarrollo y el descubrimiento de talentos profundos, que pueden estar escondidos debajo de la superficie del miedo, vergüenza o auto rechazo. Todo esto a través de la escritura (Tableros de Visión). Ella es una oradora fundamental activa y actualmente también está activa en el Centro para Envejecientes Groton, al que asiste su padre, quien actualmente está luchando contra la aparición temprana de demencia. Miosotys es también coautora de best-sellers de Amazon, en una antología titulada "YO SOY MI HISTORIA: Nuestras voces", y es una embajadora.

Miosotys es esposa, madre de tres hermosas hijas y abuela de cuatro nietos increíbles, a quienes quiere dejar un legado de esperanza e inspiración, de que nunca es demasiado tarde para cumplir un sueño. A los cuarenta y ocho años, Miosotys se encuentra actualmente en su último semestre en *Three Rivers Community College* (Universidad de la Comunidad Tres Ríos) para obtener su título Asociados en Estudios Generales. Actualmente está inscrita en el programa de liderazgo de la Cámara de Comercio de Connecticut y en el programa de liderazgo del Dr. Mathew Stevenson del 2020.

Miosotys Santiago también es Embajadora de "YO SOY MI HISTORIA, nuestras voces" y "Embajadora Abeja de Resiliencia" del movimiento Proyecto Resiliencia, con más de cuatro mil miembros con la misión de usar sus negocios individuales en colaboración para ministrar a los quebrantados en el mundo, un alma a la vez.

Made in the USA
Middletown, DE
14 September 2022